Mil Esboços

para

O Treinamento da Liderança

Os textos das referências bíblicas foram extraídos da Nova versão internacional
(NIV), da Bíblia, Inc., salvo indicação específica. Nas mediações, o autor
valeu-se de paráfrases particulares em grande parte das referências bíblicas'

Os QR Codes deste livro estão vinculados a endereços eletrônicos no YouTube
e são de responsabilidade da Igreja Judá Não nos responsabilizamos caso esses links sejam
alterados ou desativados.

Dados Internacionais de Catalogação na Publicação (CIP)
(Câmara Brasileira do Livro, SB Brasil)

Pimentel, Antonio Glades

Mil Esboços Para O Treinamento da Liderança / Antonio Glades. - São Paulo 2020
1. Liderança (Cristianismo) 2. Formação espiritual 3. Jesus Cristo -
Discípulos 4. Ensinamentos I. Título

CDD -144

Índice para catálogo sintomático:
1. Líder: Cristianismo 268
2. Liderança:
3. Formação: Cristianismo
4. Categoria: Espiritualidade

Publicado no Brasil com todos os direitos reservados por:
Judá Projetos

1ª Edição : Janeiro de 2020

Liderança se aprende e reaprende todos os dias e ninguém saberá de tudo.

Dedico esta obra ao meu filho
Pedro Glades Pimentel

Índice

076 - O LÍDER PAGA O PREÇO DA MUDANÇA
077 - O LÍDER E A IMPORTÂNCIA DO COMPROMISSO
078 - O LÍDER E SUA COMUNICAÇÃO
079 - O LÍDER QUE SE CONECTA
080 - O LÍDER E SUA CONFIABILIDADE
081 - O LÍDER E A CONSTRUÇÃO DA CONFIANÇA 01
082 - O LÍDER E A ARTE DE CONFRONTAR
083 - O LÍDER E AS AFIRMAÇÕES
084 - O LÍDER E A ATITUDE NO FRACASSO
085 - O LÍDER E A CONSTRUÇÃO DA CONFIANÇA 02
086 - O LÍDER E A ESCOLHA DA EQUIPE
087 - O LÍDER E O CONTROLE DO FOCO
088 - O LÍDER E O EXEMPLO DE CRISTO
089 - O LÍDER E A CORAGEM
090 - O LÍDER E OS RISCOS
091 - O LÍDER E O SEU MAIOR BEM NA LIDERANÇA
092 - O LÍDER: A MUDANÇA & CRESCIMENTO
093 - O LÍDER E A ATMOSFERA
094 - O LÍDER CRIA MEMÓRIAS
095 - O LÍDER E AS PEQUENAS COISAS
096 - O LÍDER E O CULTIVO DA DETERMINAÇÃO
097 - O LÍDER E OS BONS PENSAMENTOS
098 - O LÍDER E A INVEJA
099 - O LÍDER EGOCÊNTRICO
100 - O LÍDER TREINA SUA EQUIPE
101 - O LÍDER E O ATRAPALHO NA INTELECTUALIDADE
102 - O LÍDER E O TRABALHO
103 - O LÍDER E AS FIGURAS DE AUTORIDADE
104 - O LÍDER NÃO OLHA SÓ PARA VENCEDORES
105 - O LÍDER X PASSADO E FUTURO
106 - O LÍDER E OS RÓTULOS
107 - O LÍDER E AS OFENSAS
108 - O LÍDER E SUA COMUNICAÇÃO COM OS AFLITOS
109 - O LÍDER EDUCADOR
110 - O LÍDER E SUA PRODUTIVIDADE
111 - O LÍDER E O ALIMENTO DE HÁBITOS DESTRUTIVOS
112 - O LÍDER E O CRESCIMENTO EXPONENCIAL
113 - O LÍDER E A SUA CONCENTRAÇÃO
114 - O LÍDER E OS ESTÁGIOS DA VIDA
115 - O LÍDER GERENCIA AS SUAS PALAVRAS
116 - O LÍDER E A INTELIGÊNCIA COMPORTAMENTAL
117 - O LÍDER E AS RAZÕES PARA MENTOREAR
118 - O LÍDER E A RESILIÊNCIA
119 - O LÍDER E A GESTÃO DE SUA EQUIPE
120 - O LÍDER CRIATIVO
121 - O LÍDER E O DISCIPULADO
122 - O LÍDER E AS ATITTUDES DE MOTIVAÇÃO
123 - O LÍDER E A SUA ATITUDE DE EXCELÊNCIA
124 - O LÍDER E AS CAUSAS DA PROCRASTINAÇÃO
125 - O LÍDER E O COMBATE A PROCRASTINAÇÃO
126 - O LÍDER E O ATRAPALHO NA CRIATIVIDADE
127 - O LÍDER E O MARKETING PESSOAL
128 - O LÍDER ARROGANTE
129 - O LÍDER AGRESSIVO
130 - O LÍDER DESONESTO
131 - O LÍDER IRRESPONSÁVEL
132 - O LÍDER BAJULADO
133 - O LÍDER OMISSO
134 - O LÍDER AUTORITÁRIO
135 - O LÍDER EXIGENTE
136 - O LÍDER CENTRALIZADOR
137 - O LÍDER PATERNAL
138 - O LÍDER E O TRATAMENTO
139 - O LÍDER QUE DÁ CRÉDITO À EQUIPE
140 - O LÍDER E AS RECOMPENSAS
141 - O LÍDER E O ENCORAJAMENTO
142 - O LÍDER E O AMBIENTE DE AFIRMAÇÃO
143 - O LÍDER E AS DIFICULDADES
144 - O LÍDER E O OLHAR INTERNO
145 - O LÍDER E SUA VIDA PESSOAL
146 - O LÍDER E O MOMENTO DE DIZER "NÃO"
147 - O LÍDER E A COMUNICAÇÃO ASSERTIVA
148 - O LÍDER NÃO PRECISA AGRADAR A TODOS
149 - O LÍDER E AS DISTRAÇÕES
150 - O LÍDER E O GERENCIAMENTO DE SUAS ENERGIAS
151 - O LÍDER ALIMENTA ESPERANÇAS
152 - O LÍDER E O BENEFÍCIO DA DÚVIDA

307 - O LÍDER E A AUTORECUPERAÇÃO
308 - O LÍDER NÃO DEVE ESQUECER A FAMÍLIA
309 - O LÍDER E A CHEGADA E SAÍDA DE LIDERADOS
310 - O LÍDER E A MAÇÃ PODRE
311 - O LÍDER E O ELO MAIS FRACO
312 - O LÍDER E A LIDERANÇA CORAJOSA
313 - O LÍDER APRENDE COM SEUS LIDERADOS
314 - O LÍDER E AS ATITUDES QUE GERAM RESULTADOS
315 - O LÍDER COM VISÃO
316 - O LÍDER QUE LIDERA PESSOAS DIFERENTES
317 - O LÍDER ALARGA FRONTEIRAS
318 - O LÍDER ATRAI POTENCIAIS LIDERES
319 - O LÍDER E A SOLUÇÃO DE PROBLEMAS
320 - O LÍDER DEVE VENCER A BAIXA ESTIMA
321 - O LÍDER E A GESTÃO DE PESSOAS
322 - O LÍDER E AS QUALIDADES DE VIDA PARA UMA LIDERANÇA CRISTÃ DE SUCESSO
323 - O LÍDER E OS RELACIONAMENTOS INTERPESSOAIS
324 - O LÍDER NÃO NEGOCIA CARÁTER
325 - O LÍDER E A REJEIÇÃO
326 - O LÍDER E A VISÃO MAIS AMPLA
327 - O LÍDER E A LUTA CONTRA A MEDIOCRIDADE
328 - O LÍDER E O CONTROLE SOBRE O ERRO
329 - O LÍDER E O CAMINHO A SEGUIR
330 - O LÍDER E A BOA REPUTAÇÃO
331 - O LÍDER E A DESONESTIDADE
332 - O LÍDER TRANSFORMADOR
333 - O LÍDER E A FALTA DE COMBUSTÍVEL
334 - O LÍDER E AS ÉPOCAS TURBULENTAS
335 - O LÍDER E O SEU MARKETING PESSOAL
336 - O LÍDER E AS QUALIDADES ADMINISTRATIVAS
337 - O LÍDER E A FALSIDADE
338 - O LÍDER PRECISA TER IDEIAS
339 - O LÍDER EFICIENTE X LÍDER EFICAZ
340 - O LÍDER AJUDADO POR PESSOAS
341- O LÍDER E A DIFERENÇA ENTRE PRINCÍPIOS E VALORES
342 - O LÍDER E O MOMENTO DAS DECISÕES
343 - O LÍDER NÃO PEGA ATALHOS
344 - O LÍDER E O TRABALHO DILIGENTE
345 - O LÍDER SATISFEITO
346 - O LÍDER E A PREGUIÇA
347 - O LÍDER E A MENTE SUPERIOR
348 - O LÍDER E O SEU VALOR PESSOAL
349 - O LÍDER E OS VÍCIOS EMOCIONAIS
350 - O LÍDER ACIMA DA MÉDIA
351 - O LÍDER COLHE O QUE PLANTA
352 - O LÍDER ATRAI QUEM ELE É
353 - O LÍDER NÃO PODE FAZER TUDO
354 - O LÍDER E A SINERGIA
355 - O LÍDER QUE AUTO DESENVOLVE
356 - O LÍDER QUE SE DIFERÊNCIA
357 - O LÍDER E O SEU ENTUSIASMO
358 - O LÍDER QUE NÃO SE PREPARA
359 - O LÍDER NA ESTRADA DA VITÓRIA
360 - O LÍDER E A SUCESSÃO
361 - O LÍDER EXPONENCIAL
362 - O LÍDER NÃO PODE LIDERAR COMO ANTES
363 - O LÍDER E O FOCO DA EQUIPE
364 - O LÍDER E O SEU COTIDIANO
365 - O LÍDER E O MODELO DE LIDERANÇA
366 - O LÍDER E AS FASES DA MUDANÇA
367 - O LÍDER E O ABALO DAS MUDANÇAS
368 - O LÍDER E AS LIMPEZAS NECESSÁRIAS
369 - O LÍDER E AS AMIZADES DESTRUTIVAS
370 - O LÍDER SEM ÉTICA
371 - O LÍDER DESMOTIVADOR
372 - O LÍDER NÃO ACEITA A DERROTA
373 - O LÍDER ALIMENTA EMOÇÕES
374 - O LÍDER E AS CARACTERÍSTICAS DESTRUTIVAS
375 - O LÍDER E A VISÃO DOS PROBLEMAS
376 - O LÍDER E OS BENEFÍCIOS DE SERVIR
377 - O LÍDER SE CONECTA
378 - O LÍDER QUE NÃO SE REBAIXA
379 - O LÍDER E AS PRIORIDADES
380 - O LÍDER DEVE VALORIZAR PROCESSOS
381 - O LÍDER NEGLIGENTE
382 - O LÍDER QUE GERECIA PENSAMENTOS
383 - O LÍDER MOTIVACIONAL

384 - O LÍDER E AS PESSOAS QUE O DECEPCIONAM
385 - O LÍDER E O FRACASSO INTERNO
386 - O LÍDER E O PODER DA COMUNICAÇÃO
387 - O LÍDER E A LIBERDADE
388 - O LÍDER E A INFLUÊNCIA CONQUISTADA
389 - O LÍDER E A POSIÇÃO
390 - O LÍDER TORNA-SE LÍDER
391 - O LÍDER KAMIKAZE
392 - O LÍDER DEVE SUPERAR O PASSADO
393 - O LÍDER COLABORA
394 - O LÍDER X SUCESSO
395 - O LÍDER E AS ESCOLHAS CERTAS
396 - O LÍDER E AS HABILIDADES
397 - O LÍDER E OS NÍVEIS DO APRENDIZADO
398 - O LÍDER E O FOCO
399 - O LÍDER E O APRENDIZADO COM O FRACASSO
400 - O LÍDER E O PODER DO RECONHECIMENTO
401 - O LÍDER E A AÇÃO DO PENSAMENTO
402 - O LÍDER E O PRINCÍPIO 20/80
403 - O LÍDER DE ATITUDES BOAS
404 - O LÍDER QUE VENCE PELA VISÃO
405 - O LÍDER E O PRECONCEITO
406 - O LÍDER E O TEMPO DAS PALAVRAS
407 - O LÍDER E O FOCO NO OUVIR
408 - O LÍDER E O VALOR DO TEMPO
409 - O LÍDER DE EQUIPE
410 - O LÍDER E OS OBJETIVOS
411 - O LÍDER E O OLHA PARA DENTRO
412 - O LÍDER E O QUADRO GERAL
413 - O LÍDER E A SOLUÇÃO
414 - O LÍDER E AS PESSOAS INTÍMAS
415 - O LÍDER QUE SE FORTALECE
416 - O LÍDER E OS SEUS INSTINTOS
417 - O LÍDER PAGA O PREÇO
418 - O LÍDER ATRAI LIDERES
419 - O LÍDER E A AUTODEPRECIAÇÃO
420 - O LÍDER FAZ PERGUNTAS
421 - O LÍDER E OS BONS CONSELHOS
422 - O LÍDER E SEUS PONTOS FORTES
423 - O LÍDER QUE AGREGA VALOR
424 - O LÍDER BEM SUCEDIDO
425 - O LÍDER E A RESPONSABILIDADE
426 - O LÍDER E O AGORA
427 - O LÍDER E O PREPARO
428 - O LÍDER E SUA PAIXÃO
429 - O LÍDER E O SENTIDO DOS PROBLEMAS
430 - O LÍDER QUE AVANÇA
431 - O LÍDER UM TREINADOR
432 - O LÍDER DESENVOLVE CORAGEM NOS OUTROS
433 - O LÍDER SABE QUE DEUS ESTÁ VENDO
434 - O LÍDER E AS IDEIAS
435 - O LÍDER E A MALDIÇÃO DA PROCRASTINAÇÃO
436 - O LÍDER E OS SEUS DEFEITOS
437 - O LÍDER E A TRISTEZA PELO FRACASSO
438 - O LÍDER E A TOMADA DE DECISÕES
439 - O LÍDER E O RESPEITO
440 - O LÍDER QUE COMPARTILHA
441 - O LÍDER NEM SEMPRE ENCABEÇA
442 - O LÍDER E O PODER DO COMPROMISSO
443 - O LÍDER E O VALOR DO NOME
444 - O LÍDER APRENDE O CAMINHO DA RECUPERAÇÃO
445 - O LÍDER ENCORAJA SONHOS
446 - O LÍDER E OS QUE RESISTEM AS MUDANÇAS
447 - O LÍDER DEVE DESENVOLVER QUE TIPO DE PESSOAS
448 - O LÍDER E A AVALIAÇÃO DA ROTINA
449 - O LÍDER E O NOME DAS PESSOAS
450 - O LÍDER DEVE FAZER A DIFERENÇA NO SEU DIA A DIA
451 - O LÍDER TEM QUE TER EM MENTE
452 - O LÍDER DEVE SABER A HORA CERTA DO SIM E DO NÃO
453 - O LÍDER E A SAÚDE MENTAL
454 - O LÍDER TÓXICO
455 - O LÍDER INCOMPREENDIDO
456 - O LÍDER INSEGURO
457 - O LÍDER E OS SEUS FRUTOS
458 - O LÍDER E OS QUE NÃO SÃO AMIGOS
459 - O LÍDER TEM QUE TER UM TIME
460 - O LÍDER SEGURO

461 - O LÍDER E OS DETALHES
462 - O LÍDER INTENCIONAL
463 - O LÍDER ALTRUÍSTA
464 - O LÍDER E A LEALDADE
465 - O LÍDER QUE AJUDA
466 - O LÍDER QUE SE VALORIZA
467 - O LÍDER E A VISÃO DA EQUIPE
468 - O LÍDER CATALIZADOR
469 - O LÍDER E OS LIMITES DO TALENTO
470 - O LÍDER E O SEU SIGNIFICADO
471 - O LÍDER EM QUALQUER POSIÇÃO DE LIDERANÇA
472 - O LÍDER QUE DESENVOLVE LÍDERES
473 - O LÍDER E ALGUNS MITOS DA LIDERANÇA
474 - O LÍDER COMO GESTOR (01)
475 - O LÍDER COMO GESTOR (02)
476 - O LÍDER COMO GESTOR (03)
477 - O LÍDER E A INTELIGÊNCIA EMOCIONAL (01)
478 - O LÍDER E A INTELIGÊNCIA EMOCIONAL (02)
479 - O LÍDER E A ARTE DE NEGOCIAR (01)
480 - O LÍDER E A ARTE DE NEGOCIAR (02)
481 - O LÍDER DE INICIATIVA, MAS SEM ESTRATÉGIA
482 - O LÍDER EM NEGOCIAÇÕES
483 - O LÍDER QUE CRESCE EM VALOR
484 - O LÍDER INTEGRO
485 - O LÍDER QUE TODOS QUEREM
486 - O LÍDER QUE SE PREJUDICA
487 - O LÍDER E SUA PERFORMASSE
488 - O LÍDER QUE SABE INDENTIFICAR SITUAÇÕES
489 - O LÍDER ORGANIZADO
490 - O LÍDER EFICAZ
491 - O LÍDER ESCORADO
492 - O LÍDER INCLUSIVO
493 - O LÍDER EM ATIVIDADE
494 - O LÍDER E AS NOVAS IDEIAS
495 - O LÍDER E O PODER DA CRIATIVIDADE
496 - O LÍDER DE BOM CARÁTER
497 - O LÍDER MAU CARÁTER
498 - O LÍDER BEM RESOLVIDO
499 - O LÍDER DE BEM COM A VIDA
500 - O LÍDER SURPREENDENTE
501 - O LÍDER QUE SE SUPERA
502 - O LÍDER INTENSO
503 - O LÍDER AMOROSO
504 - O LÍDER E O PASSAR DOS ANOS
505 - O LÍDER E OS PROCESSOS
506 - O LÍDER E O VALOR DO TESTEMUNHO
507 - O LÍDER E O SENSO DE JUSTIÇA
508 - O LÍDER E O MAU HUMOR
509 - O LÍDER E A MORAL
510 - O LÍDER ADMIRADO
511 - O LÍDER NO TOPO
512 - O LÍDER SOLUCIONADOR
513 - O LÍDER DE ATITUDES RESPONSÁVEIS
514 - O LÍDER E AS ATITUDES QUE GERAM PREJUÍZOS
515 - O LÍDER QUE CONTAGIA
516 - O LÍDER E AS PESSOAS DIFÍCEIS
517 - O LÍDER E O FORTALECIMENTO
518 - O LÍDER QUE SE SUPERA
519 - O LÍDER QUE FAZ A COISA CERTA
520 - O LÍDER MISERICORDIOSO
521 - O LÍDER E A ACEITAÇÃO
522 - O LÍDER E A REBELIÃO
523 - O LÍDER PIEDOSO
524 - O LÍDER E A ESCOLHA DOS LIDERADOS
525 - O LÍDER SEGUNDO JESUS
526 - O LÍDER NÃO É INSUBSTITUÍVEL
527 - O LÍDER PARA TEMPOS DIFÍCEIS
528 - O LÍDER E OS OBSTÁCULOS MALIGNOS
529 - O LÍDER FLEXÍVEL
530- O LÍDER DINÂMICO
531- O LÍDER ATUALIZADO
532 - O LÍDER CHAMA SEGUIDORES
533 - O LÍDER E A SUA MENTE
534 - O LÍDER E AS CRÍTICAS MALIGNAS
535 - O LÍDER QUE PLANEJA
536 - O LÍDER QUE NÃO RECLAMA
537 - O LÍDER E AS PERGUNTAS ESTRATÉGICAS

615 - O LÍDER FALA MENOS E AGE MAIS
616 - O LÍDER IRREVERENTE
617 - O LÍDER SEMPRE ESCREVE UMA HISTÓRIA
618 - O LÍDER NÃO COMPLICA ELE DESCOMPLICA
619 - O LÍDER DE HÁBITOS DE SUCESSO
620 - O LÍDER INSPIRADOR
621 - O LÍDER E A PROSTITUIÇÃO
622 - O LÍDER E A BUSCA DA CRIATIVIDADE
623 - O LÍDER BIPOLAR
624 - O LÍDER E A DEPRESSÃO
625 - O LÍDER E OS LIMITES DA TOLERÂNCIA
626 - O LÍDER E OS FOFOQUEIROS
627 - O LÍDER QUE PUXA O TAPETE
628 - O LÍDER QUE PERSEGUE OUTROS LIDERES
629 - O LÍDER E AS LÁGRIMAS DE CROCODILO
630 - O LÍDER DEVE LIDERAR SUA VIDA
631 - O LÍDER CIUMENTO
632 - O LÍDER QUE ENCANTA
633 - O LÍDER QUE APENAS REAGE
634 - O LÍDER E A RESOLUÇÃO DE CONFLITOS
635 - O LÍDER E A CONDUÇÃO DA REUNIÃO DE UM PEQUENO GRUPO
636 - O LÍDER E A AVALIAÇÃO DA REUNIÃO
637 - O LÍDER QUE FALA PARA SER OUVIDO
638 - O LÍDER QUE TEM PERCEPÇÃO
639 - O LÍDER QUE VALORIZA A PRESENÇA DE DEUS
640 - O LÍDER E O DINHEIRO
641 - O LÍDER E O DISCURSO PODEROSO
642 - O LÍDER E O ACOLHIMENTO
643 - O LÍDER E O TOM DE VOZ
644 - O LÍDER QUE NÃO PROSPERA
645 - O LÍDER CRIA UNIDADE
646 - O LÍDER E A SUPERVISÃO
647 - O LÍDER QUE INTERCEDE
648 - O LÍDER E O TREINAMENTO CONTÍNUO DE LIDERADOS
649 - O LÍDER COMO SACERDOTE
650 - O LÍDER E O SEU ENTENDIMENTO DE PESSOAS
651 - O LÍDER E A CULTURA IMPLANTADA
652 - O LÍDER E AS AÇÕES DO DIA-A-DIA
653 - O LÍDER E OS QUE TÊM MEDO DE LIDERAR
654 - O LÍDER DEVE SER ABERTO AS REVELAÇÕES
655 - O LÍDER E A MALEDICÊNCIA
656 - O LÍDER DE CORAÇÃO AMARGURADO
657 - O LÍDER E A OBSTINAÇÃO
658 - O LÍDER CÚMPLICE DO PECADO
659 - O LÍDER INDIFERENTE
660 - O LÍDER TEM QUE TRABALHAR POR FRUTOS
661- O LÍDER LIDERA ONDE TEM PESSOAS
662 - O LÍDER CONFRONTA SEM OFENDER
663 - O LÍDER E A RESISTÊNCIA
664 - O LÍDER E AS PESSOAS QUE CANSAM
665 - O LÍDER DE RABO PRESO
666 - O LÍDER CRIA BASE
667 - O LÍDER E O TEMPO PARA TUDO
668 - O LÍDER DESENVOLVE AUTORIDADE
669 - O LÍDER E AS PORTAS FECHADAS
670 - O LÍDER QUE FAZ ALIANÇA
671 - O LÍDER DEVE VENCER A REJEIÇÃO
672 - O LÍDER NÃO DESPREZA NINGUÉM
673 - O LÍDER MELINDROSO
674 - O LÍDER E O CUIDADO COM A PRESUNÇÃO
675 - O LÍDER E A LEGALIDADE
676 - O LÍDER QUE GERA ENCARGOS
677 - O LÍDER E AS COMPETIÇÕES
678 - O LÍDER SENSÍVEL A DEUS
679 - O LÍDER NÃO É BABÁ
680 - O LÍDER E A ISCA CERTA
681 - O LÍDER ADMINISTRADOR
682 - O LÍDER IDENTIFICA LIDERES
683 - O LÍDER E A IDENTIDADE
684 - O LÍDER PASSA A VISÃO
685 - O LÍDER HEDONISTA
686 - O LÍDER E A DIFERENÇA ENTRE DOMÍNIO E AUTORIDADE
687 - O LÍDER QUE NÃO DELEGA RESPONSABILIDADES
688 - O LÍDER ENTREGA RELATÓRIOS
689 - O LÍDER E A LEI DA PREVENÇÃO
690 - O LÍDER E A OMISSÃO
691 - O LÍDER QUE SE FAZ CONHECIDO

692 - O LÍDER DISCRETO E CONFIÁVEL
693 - O LÍDER E O CALOR DO MOMENTO
694 - O LÍDER APROXIMA PESSOAS
695 - O LÍDER DEVE SE ESFORÇAR PARA CONHECER PESSOAS
696 - O LÍDER QUE PROTEGE SEUS LIDERADOS
697 - O LÍDER ATENTO AS NECESSIDADES
698 - O LÍDER CONSTRÓI VALORES
699 - O LÍDER E A FORÇA MALIGNA
700 - O LÍDER QUE VISITA
701 - O LÍDER E A POSSE
702 - O LÍDER QUE FICOU PRESO A UMA SÓ VISÃO DE MUNDO
703 - O LÍDER INSATISFEITO
704 - O LÍDER E A ILEGALIDADE
705 - O LÍDER E O BAJULADOR
706 - O LÍDER QUE POSSUI MOTIVOS CERTOS
707 - O LÍDER QUE MUDA A FORMA DE COMO AS COISAS SÃO
708 - O LÍDER E A VIDA DUPLA
709 - O LÍDER QUE DA LIBERDADE PARA OS OUTROS SEREM VERDADEIROS
710 - O LÍDER E AS RECOEDAÇÕES PARA SAÚDE MENTAL
711 - O LÍDER E A INTEGRIDADE COM O DINHEIRO
712 - O LÍDER QUE NÃO SE SENTE REALIZADO
713 - O LÍDER INSPIRA A SI MESMO
714 - O LÍDER E A VISÃO GLOBAL
715 - O LÍDER E A DEFINIÇÃO DE PAPÉIS NA EQUIPE
716 - O LÍDER QUE FALA COM INSPIRAÇÃO
717 - O LÍDER SIMPLIFICA
718 - O LÍDER PERSEGUIDOR
719 - O LÍDER QUE REÚNE COM A EQUIPE
720 - O LÍDER PRECISA DE UMA PRESENÇA VIVA MESMO QUANDO NÃO ESTÁ PRESENTE
721 - O LÍDER E OS SEUS INTERESSES PARTICULARES
722 - O LÍDER ATENTO AS TENTAÇÕES
723 - O LÍDER E AS DECEPÇÕES
724 - O LÍDER E A TENACIDADE
725 - O LÍDER A MODA ANTIGA NÃO SOBREVIVE
726 - O LÍDER QUE SE ACHA ACIMA DE TODOS
727 - O LÍDER CONTROLA O STRESS
728 - O LÍDER COMEMORA O SUCESSO
729 - O LÍDER E AS CRÍTICAS CONSTRUTIVAS
730 - O LÍDER EMPRESTA A SUA REPUTAÇÃO
732 - O LÍDER E OS SINAIS DO FRACASSO
733 - O LÍDER QUE MAIS SERVE LIDERA
734 - O LÍDER BUSCA DESEMPENHO
735 - O LÍDER E A ANIMAÇÃO
736 - O LÍDER ESTABELECE O TOM
737 - O LÍDER COMO ÁGUIA
738 - O LÍDER DEVE CERCAR-SE DE LIDERADOS CRIATIVOS E COMUNICATIVOS
739 - O LÍDER QUE EXAMINA A SI MESMO
740 - O LÍDER E O CUIDADO COM AS AMIZADES DO SEXO OPOSTO
741 - O LÍDER E O CUIDADO COM A IRA
742 - O LÍDER E SUA CONDUTA DIANTE DA HOMOSSEXUALIDADE
743 - O LÍDER EVITA PERDE LIDERADOS
744 - O LÍDER E A IMPORTÂNCIA DO PERDÃO
745 - O LÍDER E O SUCESSO QUE SUBIU A CABEÇA
746 - O LÍDER E O MARXISMO CULTURAL
747 - O LÍDER NÃO DEVE FERIR A CONSCIÊNCIA DAS PESSOAS
748 - O LÍDER NÃO É A PROVA DE ERROS
749 - O LÍDER E A INTEGRIDADE INTELECTUAL
750 - O LÍDER MANDA COM LIMITES
751 - O LÍDER E O ENGAJAMENTO
752 - O LÍDER E O CUIDADO COM AS DECLARAÇÕES
753 - O LÍDER E A IMPORTÂNCIA DOS DETALHES
754 - O LÍDER E O USO DAS EMOÇÕES
755 - O LÍDER QUE CAUSA IMPACTO
756 - O LÍDER ATENTO A MORAL DA LIDERANÇA
757 - O LÍDER QUE OCUPA O TEMPO OCIOSO
758 - O LÍDER E O TRATO COM A ADVERSIDADE
759 - O LÍDER E A AÇÃO SOCIAL
760 - O LÍDER E A AMBIGUIDADE
761 - O LÍDER DEVE TER BOM HUMOR
762 - O LÍDER DEVE RESOLVER UM PROBLEMA DE CADA VEZ
763 - O LÍDER E A IMPORTÂNCIA DO PROCESSO
764 - O LÍDER NÃO PODE FUGIR
765 - O LÍDER QUE VIVE O NOVO DE DEUS
766 - O LÍDER E A ALTIVEZ
767 - O LÍDER QUE FAZ AS PESSOAS SE SENTIREM BEM
768 - O LÍDER E A EXPRESSÃO CORPORAL
769 - O LÍDER DIGNO DE CRÉDITO

770 - O LÍDER E OS SEGREDOS
771 - O LÍDER NEGOCIA
772 - O LÍDER E A SINCERIDADE
773 - O LÍDER E A MANCHA NA REPUTAÇÃO
774 - O LÍDER DEVE CONHECER O SEU PÚBLICO
775 - O LÍDER NÃO COMPETE COM NINGUÉM
776 - O LÍDER DEVE SE DISPOR DE RECURSOS
777 - O LÍDER FOCA O PRESENTE
778 - O LÍDER E O MEDO DO RIDÍCULO
779 - O LÍDER DEVE DOMINAR SEU DISCURSO
780 - O LÍDER DEVE DOMINAR UMA PERFORMANCE
781 - O LÍDER TENAZ
782 - O LÍDER FAZ E OS LIDERADOS SEGUEM O EXEMPLO
783 - O LÍDER E AS CONJETURAS
784 - O LÍDER ANALISA
785 - O LÍDER E O BAIXO DESEMPENHO
786 - O LÍDER E A FALTA DE SINTONIA
787 - O LÍDER E O PECADOR
788 - O LÍDER E AS IDEIAS VENENOSAS
789 - O LÍDER E O CUIDADO COM A RELIGIOSIDADE
790 - O LÍDER E OS TRAUMATIZADOS
791 - O LÍDER E O LIXO MORAL
792 - O LÍDER NÃO DEVE OFENDER
793 - O LÍDER DEVE CONQUISTAR RESPEITO
794 - O LÍDER E A GERAÇÃO DELINQUENTE LIDERES
795 - O LÍDER E O ANALFABETISMO FUNCIONAL
796 - O LÍDER TREINA LIDERADOS PARA OS RELACIONAMENTOS
797 - O LÍDER QUE ADIA O QUE TEM QUE FAZER
798 - O LÍDER E O HÁBITO DE ROTULAR
799 - O LÍDER QUE FAZ
800 - O LÍDER E A AÇÃO FOCADA
801 - O LÍDER E AS EMOÇÕES INTELIGENTES
802 - O LÍDER E O DESESPERO
803 - O LÍDER E A ADAPTABILIDADE
804 - O LÍDER E O OTIMISMO
805 - O LÍDER E O NÍVEL ORGANIZACIONAL
806 - O LÍDER E A INTEGRAÇÃO MÚTUA DE PESSOAS
807 - O LÍDER QUE CONQUISTA COLABORAÇÃO
808 - O LÍDER E SEU ESTADO ATUAL NA LIDERANÇA
809 - O LÍDER QUE FICARÁ FRUSTRADO
810 - O LÍDER E O LUGAR QUE FREQUENTA
811 - O LÍDER E AS CRENÇAS LIMITADORAS (I)
812 - O LÍDER E AS CRENÇAS LIMITADORAS (II)
813 - O LÍDER E O PORQUÊ DO INTELECTO BAIXO
814 - O LÍDER E O TRATO POLÍTICO
815 - O LÍDER QUE IMPACTA
816 - O LÍDER DEFENDE UMA PAUTA
817 - O LÍDER E A AUTORESPONSABILIDADE
818 - O LÍDER QUE SE RESPONSABILIZA PELO QUE SENTE
819 - O LÍDER PEDAGÓGICO
820 - O LÍDER E A REFLEXÃO
821 - O LÍDER E O CASAMENTO
822 - O LÍDER E O VALOR DE ANDAR SOZINHO
823 - O LÍDER E O PODER DE UMA MANHÃ PRODUTIVA
824 - O LÍDER DE ATITUDES SAUDÁVEIS
825 - O LÍDER E O CAMINHO CERTO
826 - O LÍDER E O DESEQUILÍBRIO
827 - O LÍDER E A LEITURA DIÁRIA
828 - O LÍDER QUE FAZ O QUE É BOM
829 - O LÍDER E SEU ESTILO DE VIDA
830 - O LÍDER E O PODER DO AGIR
831 - O LÍDER QUE DISCORDA DE TUDO
832 - O LÍDER QUE BUSCA CULPADOS
833 - O LÍDER QUE JUSTIFICA ERROS
834 - O LÍDER QUE NÃO CAPACITA LIDERADOS
835 - O LÍDER E AS DESCULPAS PARA NÃO LIDERAR
836 - O LÍDER CARENTE
837 - O LÍDER QUE NÃO APRENDE COM SEUS ERROS
838 - O LÍDER QUE TREINA O QUE DESEJA SER
839 - O LÍDER QUE TRABALHA NO SEU EXEMPLO
840 - O LÍDER E A INDOLÊNCIA
841 - O LÍDER QUE TEM PENA DE SI MESMO
842 - O LÍDER QUE CONSTRÓI SUAS OPORTUNIDADES
843 - O LÍDER QUE CONFRONTA A SI PRÓPRIO
844 - O LÍDER E O TOM DE VOZ
845 - O LÍDER GERÊNCIA SEUS PENSAMENTOS
846 - O LÍDER DEVE SUPERAR TRAUMAS DO PASSADO

847 - O LÍDER E AS CRENÇAS CONSTRUTIVAS
848 - O LÍDER E O CICLO DAS DERROTAS
849 - O LÍDER E SUA POSTURA FISIOLÓGICA
850 - O LÍDER NÃO TROCA FAMÍLIA POR AMIZADES
851 - O LÍDER MEDIANO DIANTE DAS LUTAS
852 - O LÍDER E A COMUNICAÇÃO INTERNA
853 - O LÍDER QUE ACREDITA
854 - O LÍDER DE PROCEDIMENTOS DE AUTOPADRÃO
855 - O LÍDER QUE CRIA INIMIGOS
856 - O LÍDER MODELA-SE EM ALGUÉM E DEPOIS O SUPERA
857 - O LÍDER TEM BIBLIOTECA
858 - O LÍDER E A INADEQUAÇÃO
859 - O LÍDER E O REMORSO
860 - O LÍDER E A ROTINA DO AMANHECER
861 - O LÍDER QUE DA VALOR A SUA MISSÃO
862 - O LÍDER E AS CORREÇÕES NECESSÁRIAS
863 - O LÍDER COM BAIXA AUTOESTIMA
864 - O LÍDER LIMITADOR
865 - O LÍDER DEVE TER A SUA AUTODECLARAÇÃO DE VITÓRIA
866 - O LÍDER ADOTA FERRAMENTAS MODERNAS
867 - O LÍDER DECLARA SEMPRE O MELHOR SOBRE SUA LIDERANÇA
868 - O LÍDER CONSCIENTE
869 - O LÍDER E A IMPORTÂNCIA DE SER SELETIVO
870 - O LÍDER ALIENADO
871 - O LÍDER E A MENTIRA
872 - O LÍDER CRIA ESTRUTURA
873 - O LÍDER QUE CHAMA A ATENÇÃO
874 - O LÍDER E O CANSAÇO EMOCIONAL
875 - O LÍDER QUE RESISTE AS MUDANÇAS
876 - O LÍDER E OS PRAZOS
877 - O LÍDER PODE DECIDIR O FUTURO DE PESSOAS
878 - O LÍDER ENTENDE QUE TÉCNICA NÃO É TUDO
879 - O LÍDER FAZ TROCA DE IDEIAS
880 - O LÍDER QUE ACEITA DESAFIOS
881 - O LÍDER E A PRESSA
882 - O LÍDER QUE SE CONTROLA
883 - O LÍDER INDOMÁVEL
884 - O LÍDER E O PLANO DE AÇÃO
885 - O LÍDER QUE PREPARA SUAS METAS
886 - O LÍDER E AS AMEAÇAS
887 - O LÍDER E AS PERDAS NECESSÁRIAS
888 - O LÍDER FORTALECEDOR
889 - O LÍDER E A CARIDADE
890 - O LÍDER E A FÉ
891 - O LÍDER E A ENERGIA
892 - O LÍDER E A INTUIÇÃO
893 - O LÍDER E A PERSPICÁCIA
894 - O LÍDER E A PROATIVIDADE
895 - O LÍDER E A SOCIABILIDADE
896 - O LÍDER ATENTO
897 - O LÍDER PRODUTIVO
898 - O LÍDER E A PONTUALIDADE
899 - O LÍDER E O SENSO
900 - O LÍDER E AS DISTRAÇÕES
901 - O LÍDER QUE DESCONSTRÓI MITOS
902 - O LÍDER E A FORMULAÇÃO DO OBJETIVO
903 - O LÍDER E A CONSCIÊNCIA LIVRE
904 - O LÍDER E OS MOMENTOS TENSOS
905 - O LÍDER E O RESSENTIMENTO
906 - O LÍDER E O SENTIMENTO DE CULPA
907 - O LÍDER QUE MANTÉM A HUMILDADE
908 - O LÍDER E A COMPUNÇÃO POR CONTROLE
909 - O LÍDER ENTENDE QUE LIDERAR É UMA ESCOLHA
910 - O LÍDER CRIA VIVÊNCIA ENTRE LIDERADOS
911 - O LÍDER E O SONO
912 - O LÍDER INVESTE NO VISUAL
913 - O LÍDER NUNCA DEIXA DE INVESTIR EM FORMAÇÃO
914 - O LÍDER QUE SE VALORIZA
915 - O LÍDER QUE PROMETE DEVE CUMPRIR
916 - O LÍDER NÃO CONTA VANTAGENS
917 - O LÍDER E O CASAMENTO
918 - O LÍDER QUE ACREDITA EM SI MESMO
919 - O LÍDER USA O "NÓS"
920 - O LÍDER DEVE SER MODESTO?
921 - O LÍDER LÁPIDA DIAMANTES
922 - O LÍDER ADMINISTRA O SUCESSO
923 - O LÍDER TEM CONTROLE FINANCEIRO

924 - O LÍDER HONESTO HONRA COLABORADORES
925 - O LÍDER COMUNICA SUAS DECISÕES
926 - O LÍDER IGNORA COM RESPEITO
927 - O LÍDER EVITA FAVORES DO TOMA LÁ-DA-CÁ
928 - O LÍDER NÃO FALA DA VIDA ALHEIA
929 - O LÍDER EVITA O IMPULSO DO MOMENTO
930 - O LÍDER E O ASSISTENTE
931 - O LÍDER DEFINE OS PADRÕES
932 - O LÍDER NÃO ENROLA
933 - O LÍDER NÃO DEVE FINGIR QUE NÃO VÊ
934 - O LÍDER E O REAPROVEITAMENTO
935 - O LÍDER FOCA NO TALENTO E NEM SEMPRE NO TÍTULO
936 - O LÍDER SEGUE SEU INSTINTO
937 - O LÍDER DEVE SABER IMPROVISAR
938 - O LÍDER E AS CONSEQUÊNCIAS DA MALIGNIDADE
939 - O LÍDER E O EGO
940 - O LÍDER CONSIDERA A FONTE
941 - O LÍDER QUE AVALIA
942 - O LÍDER TEM SIMPLICIDADE
943 - O LÍDER ENSINA AOS SEUS FILHOS O VALOR DA LIDERANÇA
944 - O LÍDER CONSIDERA O QUE A OUTRA PARTE QUER
945 - O LÍDER ÀS VEZES TEM QUE SER DRÁSTICO
946 - O LÍDER TEM QUE SABER DISTINGUIR QUEM MERECE EXPLICAÇÕES
947 - O LÍDER DEVE TRATAR O DESRESPEITO COM FIRMEZA
948 - O LÍDER DEVE OFERECER BONS CONSELHOS
949 - O LÍDER DEVE SER OTIMISTA E PREPARADO
950 - O LÍDER DEVE FAZER O DEVER DE CASA
951 - O LÍDER SABE QUE TUDO TEM OUTRO LADO
952 - O LÍDER SABE QUE NÃO HÁ ATALHOS PARA O SUCESSO
953 - O LÍDER SABE QUE É NO TRABALHO DURO QUE DEUS ABENÇOA
954 - O LÍDER DEVE TIRAR UM TEMPO PARA REFLETIR
955 - O LÍDER DEVE SER RAZOÁVEL
956 - O LÍDER É O RESPONSÁVEL PELOS RESULTADOS DA EQUIPE
957 - O LÍDER E O MANEJO COM PESSOAS
958 - O LÍDER QUE LIDA COM O BLOQUEIO DOS LIDERADOS
959 - O LÍDER: QUALIDADE E QUANTIDADE
960 - O LÍDER DEVE CONSTRUIR UMA CULTURA DE VALORES
961 - O LÍDER DEVE ER CUIDADO COM SUAS CRÍTICAS
962 - O LÍDER QUE ESTUDA OS CASOS
963 - O LÍDER QUE DESENVOLVE EMPATIA
964 - O LÍDER NÃO SE ABALA COM CRÍTICAS
965 - O LÍDER SABE QUE RESULTADOS SÃO FRUTOS DO TRABALHO FEITO TODO DIA
966 - O LÍDER DEVE SENTIR O MOMENTO DE MUDAR O CURSO
967 - O LÍDER AVALIA O PREÇO
968 - O LÍDER EXAUSTO NÃO DÁ FRUTOS
969 - O LÍDER DEPENDENTE DE DEUS
970 - O LÍDER SABE QUE NINGUÉM É INÚTIL
971 - O LÍDER DELEGA OU ESGOTARÁ
972 - O LÍDER X EGOÍSMO
973 - O LÍDER E OS PERÍODOS DE CRESCIMENTO
974 - O LÍDER TRABALHA DEPOIS DESFRUTA
975 - O LÍDER SIMPLESMENTE FAZ
976 - O LÍDER CONHECE SEU INIMIGO
977 - O LÍDER QUE RECEBE CORREÇÃO
978 - O LÍDER TEM QUE LIDERAR
979 - O LÍDER EVITA COMPETIÇÕES
980 - O LÍDER E ALGUNS TIPOS DE LIDERANÇA
981 - O LÍDER E A JANELA DE JOHARI
982 - O LÍDER ORA
983 - O LÍDER E O FEEDBACK
984 - O LÍDER E A MENTE DIVIDIDA
985 - O LÍDER E A MATURIDADE PARA LIDERAR
986 - O LÍDER HONRA OS SUBMISSOS
987 - O LÍDER E A RECOMPENSA QUE VEM DE DEUS
988 - O LÍDER BUSCA AJUDA NAS PESSOAS EXPERIENTES
989 - O LÍDER X RECOMEÇO
990 - O LÍDER SABE QUE PROVAÇÕES SÃO PERÍODOS DE APRENDIZAGEM
991 - O LÍDER DEVE ENRAIZAR A MISSÃO
992 - O LÍDER DEVE TER EM MENTE
993 - O LÍDER E O HÁBITO DOS VENCEDORES
994 - O LÍDER NÃO RECLAMA, FAZ A DIFERENÇA
995 - O LÍDER NÃO ACEITA CONFUSÃO
996 - O LÍDER DEVE SER CUIDADOSO COM PESSOAS DESCONHECIDAS
997 - O LÍDER FORTALECE A FÉ
998 - O LÍDER CRIA O AMBIENTE DO PERTENCER
999 - O LÍDER ENVOLVE AS PESSOAS
1000 – O LÍDER QUE GERA LÍDERES MELHORES QUE ELE

001 - O LÍDER COMEÇA PEQUENO (At 12: 24)

1. Você não começa grande
2. O importante é saber o que você quer de sua vida
3. Assuma responsabilidade por sua vida
4. Não tenha vergonha de começar pequeno, nela você vai estabelecendo bases
5. O que faço hoje em prol do meu futuro?

002 - O LÍDER E A VISÃO DE SI MESMO (Mateus 6:22)

1. Como você se vê?
2. Como você se vê gera o que você vai ver nos outros
3. Quem realmente você é como pessoa?
4. Como você tem lidado com aquilo de ruim que você tem?
5. Você tem sabotado seu futuro?

003 - O LÍDER E O CARÁTER (Provérbios 16:27)

1. Caráter fala de ser verdadeiro
2. Caráter fala de assumir seus erros
3. Caráter fala de assumir suas responsabilidades
4. Caráter fala de ser capaz de encarar as realidades
5. Caráter fala de conquistar respeito

004 - O LÍDER E O VALOR DO TEMPO (1 Reis 17:7)

1. Você não tem todo o tempo do mundo
2. Seu dinheiro pode representar seu tempo
3. Você já pensou no quanto tempo durará seu sonho?
4. Vale a pena gastar seu tempo com o que você estar vivendo hoje?
5. Você nunca perde tempo se preparando

005 - O LÍDER E O VALOR DA VISÃO (Salmos 89:19)

1. A visão lhe leva onde a realidade não lhe permite viver no momento
2. A visão lhe dá gás
3. A visão lhe motiva
4. A visão lhe dá paixão
5. Ligue-se a alguém que tem visão ou tenha a sua

006 - O LÍDER E SEU PERCURSO (Juízes 4:9)

1. Torne-se comandante do navio de sua vida
2. Muitos se acham incompetentes para assumir o leme da vida
3. Muitos possuem medos e traumas de assumir o leme da vida
4. Calcule o custo de sua viagem
5. Ouça pessoas sérias que possam lhe ajudar no percurso da sua vida

007 - O LÍDER E O SACRIFÍCIO PARA VENCER (Provérbios 26:15)

1. É fácil viver na mediocridade, o difícil é ser um vencedor
2. O sacrifício tem um preço, só os vencedores pagam
3. O sacrifício eleva sua moral
4. O sacrifício mostra para o que você veio
5. O sacrifício sempre fará parte da vida do vencedor

008 - O LÍDER E A VISÃO DO FRACASSO (Salmos 64:8)

1. O fracasso é inevitável, o seu nível é que varia
2. Não se sinta pequeno por fracassar, todos estão propensos a isso
3. Fracasso só é fracasso quando nada é aprendido
4. Fracasso não é uma desculpa para viver fracassado
5. Fracasso é uma oportunidade de recomeço

009 - O LÍDER E AS CRENÇAS (Salmos 31:6)

1. Suas crenças determinam suas atitudes
2. Suas crenças podem lhe afetar positivamente ou negativamente
3. Suas crenças determinam expectativas e mudanças
4. Suas crenças ditam suas opiniões
5. Suas crenças lhe dão foco

010 - O LÍDER E O VERDADEIRO SUCESSO (Deuteronômio 20:4)

1. Sucesso é conhecer o seu propósito de vida
2. Sucesso é ter uma família em comunhão
3. Sucesso é melhorar seu potencial e ter qualidade de vida
4. Sucesso é deixar um legado respeitado
5. Sucesso é um processo e não tem nada a ver com dinheiro

011 - O LÍDER: IMAGEM & INTEGRIDADE (Jó 27:5)

1. Uns desenvolvem sua imagem
2. Uns desenvolvem integridade
3. Uns desenvolvem imagem juntamente com integridade
4. Tenha um pé atrás de quem vive só de imagem
5. A integridade geralmente não desaponta

012 - O LÍDER E A INTERAÇÃO (2 Crônicas 12:22)

1. Líderes interagem
2. Líderes somam valores aos outros na interação
3. Líderes conhecem os limites da interação
4. Líderes melhoram a vida dos outros na interação

5. Líderes desenvolvem interação com a equipe

013 - O LÍDER E A FUNDAÇÃO DO CARÁTER (Provérbios 1:3)

1. Confiança fundamenta o caráter
2. Consistência fundamenta o caráter
3. Respeito fundamenta o caráter
4. Ser verdadeiro fundamenta o caráter
5. O trabalho fundamenta o caráter

014 - O LÍDER SE CONECTA (Números 18:19)

1. Comprometa-se a conectar-se, líderes ampliam suas conexões
2. Conecte-se com você, conheça-se primeiramente antes de se conectar com outas pessoas
3. Conecte-se com sinceridade e amor com as pessoas
4. Conecte-se com as pessoas com conteúdo
5. Conheça o ambiente, as pessoas, a realidade e conecte-se

015 - O LÍDER E O PODER DO EXEMPLO (João 13:15)

1. Liderados observam o que você faz
2. Ensinar é fácil, viver o que se ensina que é difícil
3. Líderes não forçam a mudanças, eles dão o exemplo da mudança
4. Maus exemplos são inevitáveis, ensine os liderados a só colher o melhor das pessoas
5. O líder que dá o exemplo de que sabe o que está fazendo, tem sua liderança seguida

016 - O LÍDER E SUA INFLUÊNCIA (Ester 9:4)

1. A influência do líder está no caráter
2. A influência do líder está na comunicação que transmite
3. A influência do líder está no valor que ele da para as pessoas
4. A influência do líder está na sua capacidade de lidar com conflitos
5. A influência do líder está na sua capacidade de ser necessário e atualizado

017 - O LÍDER ATENDE AS PRIORIDADES (Hebreus 13:9)

1. Está ocupado não significa necessariamente que você está produzindo
2. Uma coisa é estar realizando, outra coisa é pensar que está realizado
3. Atender as prioridades fala de escolhas realistas
4. Quais atividades trazem maior retorno?
5. Somente líderes autênticos estão atentos às prioridades

018 - O LÍDER E O VALOR DE UMA EQUIPE (2 Samuel 3:12)

1. Líderes possuem ao seu redor uma equipe
2. Líderes entendem que não podem vencer sozinhos
3. Uma equipe auxilia o líder nos talentos que ele não possui
4. O potencial de alcance de qualquer projeto está na equipe que um líder possui
5. O surgimento de uma equipe está diretamente relacionado à sua capacidade de se relacionar com as pessoas

019 - O LÍDER MEDÍOCRE NÃO LIDERA LÍDERES (Josué 1:9)

1. Líderes desenvolvem líderes
2. Cresça em poder, sabedoria e liderança para desenvolver líderes
3. Uns lideram seguidores, outros lideram líderes
4. Quem lidera líderes tem resultados extraordinários
5. Medíocres não lideram líderes, supere-se em liderança

020 - O LÍDER E A PRÓXIMA GERAÇÃO (Êxodo 1:6)

1. Treine pessoas, elas levarão o seu legado
2. Seja relevante e as pessoas guardarão o seu legado
3. Não existe legado se você não investe em novos líderes
4. O material é temporário, só pessoas vivas e treinadas levam o seu legado
5. O fracasso de uma liderança é não deixar liderados

021 - O LÍDER E A DISPOSIÇÃO AO SACRIFÍCIO (1Samuel 17:34)

1. Não há liderança sem sacrifícios
2. Líderes sacrificam prazeres para liderar
3. Líderes engolem o seu orgulho para liderar
4. Líderes sacrificam direitos para liderar
5. Quanto mais alto o nível de liderança, maiores serão os sacrifícios

022 - O LÍDER QUE CONQUISTA PELA SIMPATIA (Atos 24:27)

1. O líder simpático se apresenta bem as pessoas
2. O líder simpático não fala de si mesmo
3. O líder simpático sabe ouvir as pessoas com atenção
4. O líder simpático elogia as qualidades das pessoas
5. O líder simpático agrada sem ser hipócrita

023 - O LÍDER QUE ADMINISTRA SUA EQUIPE (Neemias 4:22)

1. Ele aprecia a sua equipe
2. Ele alimenta a equipe com valores, verdades e princípios
3. Ele proporciona comunhão entre a equipe
4. Ele sabe que todo o investimento na equipe traz retorno

5. Ele demonstra amor pela sua equipe e todos sentem que isso é verdade

024 - O LÍDER E OS CAMINHOS DO SEU DESENVOLVIMENTO (Provérbios 1:22)

1. O desenvolvimento do líder passa pelo: eu não sei de nada
2. O desenvolvimento do líder passa pelo: eu preciso saber
3. O desenvolvimento do líder passa pelo: o que eu sei, não é suficiente
4. O desenvolvimento do líder passa pelo: eu não negócio meu crescimento diário
5. O desenvolvimento do líder passa pelo: o que faço é resultado do que eu aprendi

025 - O LÍDER E SEU CUIDADO COM OS LIDERADOS (Salmo 78: 70-71)

1. Líderes cuidam dos seus liderados com palavras de encorajamento
2. Líderes cuidam dos seus liderados com uma palavra de reconhecimento
3. Líderes cuidam dos seus liderados proporcionando segurança
4. Líderes cuidam dos seus liderados proporcionando pão nas necessidades
5. Líderes cuidam dos seus liderados proporcionando-lhe amor e respeito

026 - O LIDER E A PAIXÃO MOTIVADORA (Cantares 8:6)

1. Inspire pessoas a terem paixão pelo que fazem
2. A paixão pelo que você faz é motivador
3. A Paixão da energia
4. A Paixão dá coragem para enfrentar as lutas
5. A Paixão pode fazer a diferença entre os que fazem dos que não fazem

027 - O LÍDER E A EXCELÊNCIA (Jó 40:10)

1. O sucesso do líder está na sua excelência
2. A excelência tem o preço da administração, da organização e dos detalhes
3. A excelência está disponível para todos, mas só o líder autêntico o coloca em prática
4. A excelência exigirá do líder o seu melhor o tempo todo
5. A mediocridade não se mistura com excelência

028 - O LÍDER DEVE SABER, QUE O AMANHÃ COMEÇA HOJE (Levítico 8:5)

1. Os fracassados são aqueles que não se prepararam para o seu amanhã
2. O planejamento do líder feito hoje influencia o seu amanhã
3. Os hábitos vividos pelo líder hoje influenciam o seu amanhã
4. O preparo do líder feito hoje influencia o seu amanhã
5. Não negocie o preparo, seu futuro depende dele

029 - O LÍDER E A POSTURA DE SUAS ATITUDES (1Pedro 1:5)

1. Sua postura entrega a realidade do seu coração
2. Uma postura de derrota gera atitudes de derrota
3. Uma postura de vitorioso gera atitudes de vitorioso
4. Uma postura de fé muda às realidades
5. A postura do líder pode influenciar para o bem ou para o mal

030 - O LÍDER X RESPONSABILIDADE (1Reis 5:16)

1. Bons líderes assumem a sua responsabilidade
2. Bons líderes não aceitam a mentalidade de vítimas
3. Bons líderes procuram identificar onde se encontram seus erros
4. Bons líderes não dão desculpas
5. Bons líderes assumem os prejuízos, e não negociam a sua responsabilidade

031 - O LÍDER E AS PESSOAS DIFERENTES (Romanos 12:6)

1. Pessoas são diferentes e aceite o fato
2. Lidar com pessoas diferentes é uma responsabilidade do líder
3. Adapte os talentos e a personalidades das pessoas à missão que você está desenvolvendo
4. Entenda as pessoas e depois as lidere
5. A maior armadilha contra o líder é acreditar que somente pessoas parecidas com eles são capazes de lhe ajudar na missão

032 - O LÍDER E O VALOR DAS AMIZADES (Provérbios 17:17)

1. Líderes influentes geram amizades na equipe
2. O líder precisa ser o primeiro a gerar amizades sinceras
3. As amizades sinceras fortalecem a equipe em tempos de tempestade
4. Amizades sinceras são um vírus benéfico que ajuda a combater as traições, desonestidades e abandono da missão,
5. O melhor clima que pode ter uma equipe é aquela que é gerada pelas amizades sinceras

033 - O LÍDER ACRESCENTA SIGNIFICADO AS PESSOAS (Provérbios 22:11)

1. Líderes apoiam sonhos
2. Líderes financiam projetos
3. Líderes desenvolvem pessoas
4. Líderes encorajam
5. Líderes não buscam créditos

034 - O LÍDER E O PODER DA ADVERSIDADE (Salmos 46:1)

1. São nas adversidades que os valores são postos à prova
2. As adversidades são um celeiro para inovações
3. A criatividade é um bem necessário em tempos de adversidade
4. Líderes se adaptam ou terão seus propósitos destruídos
5. Somente líderes transformam algo destrutivo em algo positivo

035 - O LÍDER E AS MUDANÇAS NECESSÁRIAS (Jó 9:27)

1. Sua mudança é uma questão de atitude
2. E atitudes são frutos de hábitos diários
3. Não espere sentir vontade para mudar, mudanças exigem ação
4. Não espere que homens mudem sua vida para você
5. Sua mente precisa estar aberta para receber as inovações que irão gerar as mudanças que sua vida precisa

036 - O LÍDER E O SEU AUXÍLIO NA VITÓRIA DOS LIDERADOS (Neemias 6:16)

1. Depois de conquistar suas vitórias, a melhor coisa é também ajudar outras pessoas a conquistarem a vitórias delas
2. Ajudar as pessoas é uma responsabilidade cristã do líder
3. A ingratidão faz parte da vida daqueles que gosta de ajudar as pessoas, não se deixe levar por isso
4. Se o que você faz não ajuda as pessoas, então o que você faz não é algo significativo
5. Prestígio talvez seja a melhor recompensa que um líder pode receber nesta terra

037 - O LÍDER E A HUMILDADE PARA RECEBER AJUDA (Salmos 60:11)

1. Líderes naturalmente possui tendência para arrogância e falta de humildade
2. Líderes precisam entender que não podem fazer tudo sozinho, e receber ajuda dos outros é fundamental
3. Líderes precisa entender que manipular ajuda tem os seus limites
4. Se você não recebe ajuda o que você está fazendo não é algo muito grande
5. Seja sempre grato a todos que lhe ajudam

038 - O LÍDER QUE SABE AJUDAR O LIDERADO (Isaías 41:13)

1. Ajudar é dar crédito ao liderado
2. Ajudar fala de motivar os liderados
3. Ajudar fala de ensinar os liderados
4. Ajudar fala de dar conselhos sinceros
5. Ajudar com segundas intenções não é ajudar

039 - O LÍDER E O FOGO DA PAIXÃO (João 15:9)

1. A paixão nos impulsiona para a conquista
2. A paixão é o combustível da vontade
3. A paixão nos faz impactar pessoas
4. A paixão nega as impossibilidades
5. A paixão faz pessoas despreparadas superarem pessoas preparadas

040 - O LÍDER E O ESFORÇO (Colossenses 1:29)

1. Se você não está doente se esforçar é uma decisão
2. Para que algo aconteça alguns dos seus direitos precisam ser sacrificados
3. Se o seu esforço depende dos outros para acontecer, você não está liderando
4. Vença as emoções contrárias ao seu esforço
5. Os que melhoram são os que se esforçam

041 - O LÍDER TEM APOIO DOS LIDERADOS (Colossenses 4:11)

1. Líderes apoiam a visão de sua liderança
2. Líderes defendem a visão de sua liderança
3. Líderes divulgam a visão da liderança
4. Líderes influenciam outros em prol da visão da liderança
5. Líderes sabem que promover os sonhos da sua liderança os promove

042 - O LÍDER E O PONTO FORTE (Salmos 31:34)

1. Líderes não focam seu crescimento pessoal em seus pontos fracos
2. Líderes maximizam seu crescimento pessoal em os seus pontos fortes
3. Descubra seu ponto forte
4. Administre os seus pontos fracos para não o prejudicar
5. Seja um líder que ajude a descobrir e potencializar o ponto forte das pessoas

043 - O LÍDER QUE SABE OUVIR (Salmos 115:6)

1. Ouvir não é uma habilidade fácil de ser vívido, isso exige treinamento
2. Aprendemos, mas ouvindo do que falando
3. Somos admirados pela nossa capacidade de ouvir
4. Aprendemos muito sobre a natureza humana ouvindo
5. O maior inimigo da nossa capacidade de ouvir está na nossa auto exaltação e vaidade.

044 - O LÍDER E A INFLEXIBILIDADE (Levítico 25:53)

1. A inflexibilidade pode ser um atrapalho
2. A inflexibilidade é a consequência da burocracia do líder
3. A inflexibilidade gera preconceitos
4. A inflexibilidade gera o medo de mudar

5. A inflexibilidade gera prejuízo e ignorância

045 - O LÍDER CRESCE HOJE (Deuteronômio 30:14)

1. O hoje é o dia de ler um livro
2. O hoje é o dia discipular uma pessoa
3. O hoje é o dia ouvir uma mensagem de crescimento pessoal
4. O hoje e o dia de mudar a direção da sua vida
5. O hoje é o dia de esquecer-se do passado, e fazer o que tem que ser feito

046 - O LÍDER E O FRACASSO (2 Crônicas 16:5)

1. Milhares de pessoas fracassam
2. O fracasso é um aprendizado
3. O fracasso só existe se desistirmos
4. Uma coleção de fracassos é o preço do progresso
5. Nunca permita que um fracasso destrua seu crescimento, sua fé e sua motivação para vencer.

047 - O LÍDER E SEU MELHOR (Gálatas 2:10)

1. Ele entende que sua liderança é um presente de Deus
2. Ele entende que é responsável pela liderança que lhe foi confiada
3. Ele entende que cada dia é uma oportunidade de dar o seu melhor
4. Ele entende que o seu potencial desenvolvido é um presente para Deus
5. Ele entende que prestará contas de sua liderança diante de Deus

048 - O LLÍDE E AS PESSOAS QUE LHE AJUDARAM
(1 Crônicas 12:1)

1. Divulgue a ajuda dos que lhe ajudaram
2. As pessoas fidelizam quando todos sabem que você divulga a ajuda deles
3. Divulgar a ajuda que você recebeu lhe faz humano e fortalece sua liderança
4. Divulgar as ajudas que você recebe aumenta seu prestígio
5. Só líderes fortes e seguros divulgam as contribuições dos que lhe ajudam

049 - O LÍDER E A LIDERANÇA QUE ATRAI (Isaías 3:9)

1. Sua liderança é fruto de quem você é
2. Você atrai pessoas que possuem os mesmos valores que você possuí
3. Você atrai pessoas que possuem a mesma energia que você possuí
4. Você atrai pessoas que possuem a mesma capacidade de liderança que você possuí
5. Melhore o seu estilo e isto será seu imã de atração

050 - O LÍDER E A INSPIRAÇÃO PARA A VISÃO (Atos 1:16)

1. A inspiração para a visão vem das convicções interiores do líder
2. A indignação do líder é o catalizador da visão
3. Um mentor inspira o líder nas direções da visão
4. A intimidade com Deus fortalece o líder na implantação da visão
5. O líder alimenta a visão com estudo, observações e crescimento pessoal

051 - O LÍDER E O COMPROMISSO (Números 30:4)

1. Líderes inspiram pelo compromisso
2. A marca dos grandes líderes está no seu compromisso
3. O compromisso vem da paixão pela visão assumida
4. Líderes assumem o preço do compromisso
5. O compromisso fortalece e da resistência ao líder nas lutas

052 - O LÍDER E SUAS ATITUDES NOS DESAFIOS (1 Samuel 17:10)

1. O desafio fortalece o líder
2. O desafio progride o líder
3. O desafio gera criatividade no líder
4. O desafio é uma oportunidade para o líder
5. O desafio revela quem verdadeiramente se tornou o líder

053 - O LÍDER APAIXONADO PELA VISÃO (Gênesis 45:5)

1. O líder sem paixão pela visão não lidera com excelência
2. O líder apaixonado é entusiasmado pela visão
3. O líder apaixonado pensa em torno da visão
4. Aproxime-se de pessoas apaixonadas pela visão, e torne-se apaixonado pela visão
5. Você é um líder apaixonado pela visão? Avalie-se, suas atitudes entregam você!

054 - O LÍDER E A AUTODISCIPLINA (Gênesis 49:24)

1. Um líder sem autodisciplina tem muito movimento, mas sem direção
2. Um líder sem autodisciplina não sabe organizar prioridades
3. Um líder sem autodisciplina não sabe organizar o seu tempo
4. Um líder sem autodisciplina nunca termina nada que começa
5. Um líder sem autodisciplina possui uma liderança medíocre

055 - O LÍDER E A AUTOIMAGEM (Números 13:33)

1. A autoimagem arrogante é a ponte para novos inimigos
2. A autoimagem fraca gera na maioria das vezes liderança fraca
3. A autoimagem negativa gera relacionamentos e influência travada
4. A autoimagem pobre gera auto sabotagem

5. A autoimagem determina muito dos resultados do líder

056 - O LÍDER E OS ATAQUES E AVANÇOS (Salmos 22h20min)

1. O líder vive em constantes ataques: familiares, financeiros, espirituais e de enfermidades
2. Ataques podem gerar grandes mudanças
3. Alguns líderes avançam por causa dos ataques, outros não
4. Quem o líder é, determina seu avanço ou não diante dos ataques
5. Líder, não se torne refém os ataques da vida

057 - O LÍDER X DESISTIR (1 Samuel 27:1)

1. Desistir torna-se um desejo para muitos líderes
2. Convicções o mantém de pé
3. Valores o mantém de pé
4. Um caráter forte o mantém de pé
5. Vida diária com Deus o mantém de pé

058 - O LÍDER E A VERDADEIRA POSTURA DE AUXÍLIO (1 Samuel 27:1)

1. O líder deve auxiliar pessoas na resolução de problema
2. O líder deve auxiliar nas respostas e não ser o único a ter respostas
3. O líder deve auxiliar o desenvolvimento do potencial das pessoas e não criar dependência
4. O líder deve auxiliar e delegar responsabilidades e não assumi-las sozinho
5. O líder deve auxiliar na solução com parceiros e não ser o único a ter soluções

059 - O LÍDER ADAPTÁVEL (3 João 3:7)

1. Líderes adaptáveis valorizam o preparo e a aprendizagem
2. Líderes adaptáveis possuem segurança para novos desafios
3. Líderes adaptáveis exploram sua criatividade
4. Líderes adaptáveis são esforçados na mudança
5. Liderem adaptáveis são humildes para se adaptarem

060 - O LÍDER E O STATUS QUO (Jeremias 33:7)

1. O ser humano se acostuma na sua realidade
2. A mudança da realidade é na maioria das vezes uma decisão
3. A mudança começa no acúmulo de aprendizagem
4. A mudança começa na humildade de reconhecer que o que você faz nem sempre traz os resultados esperados
5. Mudança é desenvolvimento

061 - O LÍDER É SEGUIDO (Números 16:19)

1. Se você tem liderança será seguido por alguém
2. Seu caráter será um imã para seguidores
3. Sua credibilidade será um imã para seguidores
4. A qualidade de ensino será um imã para seguidores
5. O poder que vem de Deus será um imã para seguidores

062 - O LÍDER CELEBRA (1Samuel 6:12)

1. Celebre os avanços e progressos
2. Celebrar alimenta o entusiasmo
3. Celebrar honra as pessoas
4. Celebrar inspira
5. Celebre com o máximo de pessoas

063 - O LÍDER X RESULTADO FINAL (Romanos 6:21)

1. Deseje o resultado final, mas curta o processo
2. Não permita que o anseio por resultados atrapalhe a excelência
3. Não aceite resultado à custa de quebra de valores
4. Cuidado para que o anseio por resultados não seja maior que os relacionamentos fundamentais da vida. Família, amigos e colaboradores
5. Não perca sua vida com Deus na busca por resultados

064 - O LÍDER LÊ AS PESSOAS (Salmos 92:6)

1. Ele identifica os sonhos das pessoas
2. Ele sabe que as pessoas possuem a necessidade de valorização
3. Ele fomenta relacionamentos entre pessoas, ele sabe que ninguém gosta de ser sozinho
4. Ele entende que pessoas desejam reconhecimento, por isso ele reconhece o valor das pessoas e expressa isso.
5. Ele trata bem as pessoas, pois todos gostam disso.

065 - O LÍDER, UM DESENVOLVEDOR (Números 1:5)

1. Desenvolver pessoas é uma luta contra a vaidade pessoal
2. Desenvolver pessoas exige a busca por auto superação
3. Desenvolver pessoas é expor seus conhecimentos
4. Desenvolver pessoas exige a busca por novos conhecimentos
5. Desenvolver pessoas é aceitar o desafio de gerar pessoas melhores que você

066 - O LÍDER E O ENCAIXE DOS LIDERADOS (Gênesis 42:25)

1. O líder deve identificar o encaixe certo de cada pessoa dentro de cada projeto
2. Liderados encaixados na sua área forte gera resultados

3. Conheça os talentos, aptidões e o potencial das figuras humanas, isso ajudará o líder a identificar o encaixe das pessoas nos projetos
4. Você conhece seu encaixe?
5. Seu encaixe deve ser desenvolvido e atualizado

067 - O LÍDER E O TEMPO COM OS LIDERADOS (Atos 9:28)

1. Líderes que não se dispõe de um tempo para os liderados está fadado ao fracasso
2. Líderes organizam tempo com os liderados
3. Líderes aprendem quando andam ao lado dos seus liderados
4. Liderados geralmente fidelizam quando andam ao lado do líder
5. O valor da liderança está nos liderados e andar ao lado deles é honra-los

068 - O LÍDER: POSIÇÕES & MUDANÇAS (Hebreus 7:12)

1. A mudança errada dos liderados dentro de um projeto pode surtir mais prejuízos do que benefícios. Esteja certo da mudança.
2. Não mude pessoas e suas posições por se sentir ameaçado. Cresça, desenvolva-se antes de dar prejuízo ao projeto
3. Mudanças são necessárias por conta de falhas de caráter, porém certifique-se de que as pessoas estão dispostas a mudar em suas falhas.
4. Não caía na tentação de não mudar pessoas pelo simples fato de você ter relacionamento de amizade com ela. Se algo está errado não tenha medo de mudar.
5. Não mude pessoas só por causa da influência de outras. Ouvir a opinião de outros é fundamental. Mas só decida alguma coisa depois de pensar e avaliar. Tenha as suas próprias convicções.

069 - O LÍDER E OS LIDERADOS DE FUTURO (Mateus 22:14)

1. Liderados de futuro são dedicados
2. Liderados de futuro possuem determinação
3. Liderados de futuro possuem um genuíno interesse
4. Liderados de futuro às vezes nem são tão talentosos, mas se superam
5. Líderes precisam ser focados nos que desejam vencer, e não somente nos talentosos

070 - O LÍDER E O SEU CORAÇÃO PELOS LIDERADOS (Mateus 23:37)

1. Um coração que acredita acrescenta valor aos liderados
2. Um coração que acredita tem disposição para ouvir aos liderados
3. Um coração que acredita investe no liderado
4. Um coração que acredita caminha com o liderado
5. Um coração que não acredita não faz nada pelo liderado

071 - O LÍDER E O MICRO HÁBITOS (Marcos 6:46)

1. 10 min. Para revisar diariamente seus propósitos, metas e foco
2. 1hs. Para ler um livro
3. 5 min. Depois do meio-dia para questionar e melhorar suas decisões
4. 30min. Para assistir algum áudio ou vídeo de crescimento pessoal
5. 15min. Antes de dormir para revisar os progressos do seu dia

072 - O LÍDER QUE REPRODUZ LÍDERES (Gêneses 1:24)

1. Reproduzem-se líderes com o desejo de reproduzir
2. A filosofia do líder deve ser: aprenda
3. A filosofia do líder deve ser: faça
4. A filosofia do líder deve ser: ensine
5. Líderes de verdade plantam sementes

073 - O LÍDER QUE SOLIDIFICA RELACIONAMENTOS (1 João 3:15)

1. Relacionamentos solidificam no compartilhamento de ideias
2. Relacionamentos solidificam no compartilhamento de experiências
3. Relacionamentos solidificam no compartilhamento de generosidade
4. Relacionamentos solidificam no compartilhamento de alimentos
5. Relacionamentos solidificam no compartilhamento de emoções

074 - O LÍDER DEVE INSPIRAR IDÉIAS (Lucas 24:15)

1. Abençoe pessoas com ideias
2. Quanto mais ideias você tem, mais ideias você terá
3. Aumente o seu valor como líder, compartilhe ideias
4. Não há valor que pague a satisfação de ver alguém abençoado por suas ideias
5. Generosidade fala de compartilhamento de ideias

075 - O LÍDER DE ALTA COMPETÊNCIA (1 Crônicas 15:22)

1. Um líder de alta competência não espera se sentir bem para fazer, ele faz
2. Um líder de alta competência está sempre em crescimento pessoal
3. Um líder de alta competência realiza além do esperado
4. Um líder de alta competência inspira as pessoas que o rodeiam
5. Um líder de alta competência tem uma disciplina inegociável

076 - O LÍDER PAGA O PREÇO DA MUDANÇA (Hebreus 7:12)

1. A mudança custa tempo
2. A mudança custa finanças
3. A mudança custa sofrimento
4. A mudança custa à morte do velho eu
5. A mudança não te permite ficar paralisado

077 - O LÍDER E A IMPORTÂNCIA DO COMPROMISSO (Juízes 11:36)

1. A importância do compromisso está na conquista de credibilidade
2. A importância do compromisso está no auxílio ao foco
3. A importância do compromisso está na confiança no trabalho que desenvolvemos
4. A importância do compromisso afasta os descompromissados
5. A importância do compromisso é que ele promove você

078 - O LÍDER E O MEDO DA COMUNICAÇÃO (Marcos 4:1)

1. Comunique-se e não crie restrições para isso - coragem
2. Comunique-se sem agressões
3. Comunique-se com um conteúdo que tenha a finalidade de ajudar
4. Comunique-se sem preconceito com as pessoas
5. Comunique-se vença o medo

079 - O LÍDER QUE SE CONECTA (1 Coríntios 7:21)

1. Ele cria parcerias
2. Ele é sociável
3. Ele está aberto às pessoas, porém com sabedoria
4. Ele sabe que não vai a lugar algum sozinho
5. Ele sabe que ouvir é o mais importante na arte de se comunicar

080 - O LÍDER E SUA CONFIABILIDADE (Salmos 62:10)

1. Liderados se permitem depender de um líder de confiabilidade
2. Liderados investem em líderes de confiabilidade
3. Liderados apoiam projetos de líderes possuem confiabilidade
4. Liderados caminham com lideres de confiabilidade
5. Como anda a sua confiabilidade?

081 - O LÍDER E A CONSTRUÇÃO DA CONFIANÇA 01 (Lucas 16:12)

1. Confiança se constrói com o tempo
2. Confiança se constrói com integridade
3. Confiança se constrói com excelência
4. Confiança se constrói com sinceridade e verdade
5. Confiança se constrói com palavras e atitudes coerentes

082 - O LÍDER E A ARTE DE CONFRONTAR (Miquéias 3:8)

1. Confronte no particular
2. Não demore para confrontar
3. Confronte assunto por assunto
4. Confronte com críticas, sugestões e elogios

5. Confronte sem passa o ar de superioridade

083 - O LÍDER E AS AFIRMAÇÕES (Lucas 10:28)

1. Afirmações devem ser ouvidas
2. Afirmações desonestas dispense
3. Afirmações realistas só acrescentam
4. Afirmações duvidosas avalie
5. Afirmações que acrescentam valor as pessoas devem ser transmitidas e compartilhadas

084 - O LÍDER E A ATITUDE NO FRACASSO (Neemias 2:18)

1. Fracasso não derrotam líderes vencedores
2. Fracasso é um aprendizado para líderes vencedores
3. Fracasso não desanima líderes vencedores
4. Fracasso possibilita novas oportunidades para líderes vencedores
5. Pessoas medianas não sabem lidar com fracassos e por isso não avançam

085 - O LÍDER E A CONSTRUÇÃO DA CONFIANÇA 02 (Lucas 16:12)

1. O líder constrói confiança com caráter
2. O líder constrói confiança com trabalho árduo
3. O líder constrói confiança com a rejeição de fofocas
4. O líder constrói confiança comprido suas promessas
5. O líder constrói confiança com sendo autêntico

086 - O LÍDER E A ESCOLHA DA EQUIPE (Isaías 66:21)

1. Ele não escolhe baseado só pelo talento
2. Ele presta atenção na postura positiva do liderado
3. Ele escolhe pela atitude, pois ela e que faz mais diferença que o talento
4. Ele não escolhe pela emoção sua equipe
5. Atitude aliada ao talento faz uma equipe de sucesso

087 - O LÍDER E O CONTROLE DO FOCO (Salmos 119:6)

1. O foco gera excelência, alimente isso na sua alma.
2. Descarte as coisas que tiram seu foco (internet, joguinhos, preguiça e etc.)
3. Você não pode controlar as coisas que acontecem, mas você pode ter foco!
4. Sentimentos malignos podem surgir, decida ter foco
5. Em um mundo de pessoas perdidas, quem tem foco vira referência

088 - O LÍDER E O EXEMPLO DE CRISTO (Efésios 5:1)

1. Cristo teve foco na sua missão
2. Cristo sabia-se comunicar

3. Cristo soube formar sua equipe
4. Cristo soube ensinar e mentorear sua equipe
5. Cristo se sacrificou por sua missão

089 - O LÍDER E A CORAGEM (Deuteronômio 31:6)

1. O medo é limitador
2. O senso por segurança faz o homem medíocre
3. A coragem não é a falta de medo
4. A coragem precisa ser a sabedoria em prática
5. Nada foi mudado sem coragem

090 - O LÍDER E OS RISCOS (Atos 15:26)

1. O líder sabe que não existem planos sem risco
2. Quem evita riscos geralmente possui poucas vitórias
3. O maior fracasso pertence a quem não arisca
4. O evangelho é algo arriscado, mas alguém tem que se ariscar
5. Quem não arisca nunca saberá se o esforço valeria à pena!

091 - O LÍDER E O SEU MAIOR BEM NA LIDERANÇA (Mateus 22:39)

1. O maior bem do líder são as pessoas que ele lidera
2. Os resultados que queremos estão nas pessoas que lideramos
3. O respeito pelas pessoas que lideramos é a arma do crescimento
4. Desenvolva seus liderados e eles desenvolverão o seu projeto
5. Crie um ambiente valorização para as pessoas que você lidera

092 - O LÍDER: A MUDANÇA & CRESCIMENTO (1 Coríntios 14:12)

1. Mudar é inevitável, mas a mudança de alguns pode não é benéfica
2. Crescimento benéfico é uma escolha
3. Não há limites para o seu crescimento pessoal por isso escolha o que é melhor
4. Alguns pensam que estão crescendo, o autoengano é o maior inimigo do crescimento pessoal
5. Compromisso e auto avalição mantém a melhor escolha de crescimento pessoal

093 - O LÍDER E A ATMOSFERA (Provérbios 7:17)

1. Liderados são impactados pela atmosfera que o líder cria
2. Crie um ambiente de desenvolvimento
3. Tire as pessoas de sua zona de conforto
4. Faça com que parem de olhar para trás e passem a olhar para frente
5. Um lugar de crescimento gera muitos resultados

094 - O LÍDER CRIA MEMÓRIAS (2 Samuel 18:18)

1. Crie eventos que gerem memórias
2. Boas memórias geram conexões
3. Boas conexões ajudam a superar as lutas
4. Não subestime o valor dos passeios e feriados com seus colaboradores
5. Como você tem criado memórias?

095 - O LÍDER E AS PEQUENAS COISAS (João 9:6)

1. Um pequeno buraco pode afundar um navio
2. Não menospreze pequenos conflitos, eles podem gerar rebeliões
3. Não menospreze pequenos deslizes de caráter, trate!
4. Não menospreze pequenos sinais de frieza, avive o quanto antes
5. Não menospreze pequenos descuidos com o crescimento pessoal

096 - O LÍDER E O CULTIVO DA DETERMINAÇÃO (Filipenses 1:14)

1. Mostre-me um vencedor e lá estará uma pessoa determinada
2. Ninguém pode ser determinado por você
3. O determinado erra, mas supera as dificuldades
4. Não existe determinação sem um objetivo a conquistar
5. Determinação não é uma questão de personalidade, mas de atitude

097 - O LÍDER E OS BONS PENSAMENTOS (Filipenses 4:16)

1. Bons pensamentos geram atitudes benéficas
2. Bons pensamentos geram entendimento das situações difíceis com bons olhos
3. Bons pensamentos geram otimismo na busca de soluções
4. Bons pensamentos geram visão de oportunidades
5. Bons pensamentos geram contentamento e força

098 - O LÍDER E A INVEJA (Atos 5:17)

1. A inveja surge na comparação e insatisfação de sua realidade para com a do próximo
2. Raríssimas vezes se admite inveja
3. O invejoso se irrita com sucesso e boicota a vida de quem inveja
4. O invejoso não vive em bons relacionamentos e geralmente anda com outros invejosos
5. A cura da inveja encontra-se na busca pelo contentamento

099 - O LÍDER EGOCÊNTRICO (Romanos 2:8)

1. Os líderes egocêntricos vivem em torno de si
2. Os líderes egocêntricos são geralmente eficientes e se fazerem indispensáveis a fim de manipular

3. Os líderes egocêntricos exige tratamento especial, exclusivo e exige esta a par de tudo

4. Os líderes egocêntricos ofendem-se quando suas opiniões e sugestões não são devidamente apreciadas

5. O líder egocêntrico não se confronta com ignorância, mas com sabedoria e estratégia

100 - O LÍDER TREINA SUA EQUIPE (Mateus 11:1)

01. Líderes transformam pessoas comuns em líderes
02. Somente líderes autênticos reconhecem o valor de treinar pessoas
03. Treinar pessoas fortalece o trabalho que está sendo desenvolvido
04. Treinar pessoas amplia o trabalho
05. O líder treina sua equipe porque é resolvido

101 - O LÍDER E O ATRAPALHO NA INTELECTUALIDADE (Salmos 18:27)

1. Vença o orgulho de achar que sabe tudo
2. Vença a preguiça de não querer fazer o que tem que ser feito (pague o preço)
3. Vença a vida proativa (faz muitas coisas, mas não faz nada de útil)
4. Vença os desejos canais que lhe arrancam a capacidade de crescer intelectualmente
5. Encontre formas de desenvolve sua intelectualidade: Leia, estude, ouça mensagens e esteja em seminários

102 - O LÍDER E O TRABALHO (Neemias 6:15)

1. Trabalhe focado no que tem que ser feito
2. Trabalhe o mínimo necessário e tenha resultados normais
3. Trabalhe além do mínimo e tenha resultados extraordinários
4. Trabalhe sem negligenciar as pausas para a família, saúde e lazer
5. Trabalhe alinhado ao propósito, fora disso é desperdício de tempo

103 - O LÍDER E AS FIGURAS DE AUTORIDADE (Apocalipse 17:4)

1. Não foque na imagem de autoridade, foque nas ideias
2. Não foque na imagem de autoridade, foque nos argumentos
3. Não foque na imagem de autoridade, foque no comportamento
4. Não foque na imagem de autoridade, foque na capacidade de liderar
5. Seja respeitoso. Busque a verdade, esteja consciente de com quem está lidando e só depois permita que eles afetem sua vida

104 - O LÍDER NÃO OLHA SÓ PARA VENCEDORES (Jó 17:11)

1. É um erro olhar só vencedores
2. Os fracassados são figuras importantes
3. Em certas ocasiões aprendemos mais com os fracassados do que os vencedores

4. Os fracassados nos ensinam os reais caminhos para a derrota
5. Fazer só o que os vencedores fazem não é garantia de sucesso, todas as pessoas nos ensinam uma verdade

105 - O LÍDER: PASSADO & FUTURO (Ester 8:5)

1. Há lideres preocupados demais com o passado ou com o futuro, mas o que importa é o presente
2. Viver o momento presente me conecta com as pessoas
3. Viver o momento presente aumenta nosso desempenho (temos foco)
4. Viver o momento presente nos dá senso de realidade
5. O passado e o futuro devem ser administrados com equilíbrio para não haver torturas mentais

106 - O LÍDER E OS RÓTULOS (Gálatas 4:8)

1. Líderes perdem rotulando, principalmente no seu relacionamento com as pessoas
2. Rótulos podem prejudicar a nossa maneira de ver quem são as pessoas
3. Rótulos só confirmam preconceitos pré-definidos em nossa mente
4. Sempre questione seus rótulos tenha mais informações
5. Rótulos nos impedem de identificar as mudanças das pessoas

107 - O LÍDER E AS OFENSAS (Mateus 6:14)

1. Ofensas são tóxicas não tem jeito, fique calmo
2. Nas ofensas não alimente o agressor
3. Nas ofensas reflita sobre as razões do agressor (isso gera compaixão)
4. Nas ofensas descobrimos se temos os frutos do Espirito Santo
5. Nossa liderança é testada nas ofensas

108 - O LÍDER E SUA COMUNICAÇÃO COM OS AFLITOS (Isaías 4913)

1. Ouça sem julgar
2. Não fale sobre você
3. Foque nos sentimentos e não no erro da pessoa
4. Não menospreze o sofrimento das pessoas
5. Tenha verdadeira compaixão e interesse genuíno

109 - O LÍDER EDUCADOR (Deuteronômio 8:5)

1. O líder ensina o que pode transformar pessoas
2. A educação que o líder desenvolve deve inspirar os preguiçosos, rebeldes e imaturos
3. O exemplo colabora com a educação que o líder está passando
4. O líder inspira quando se permite ser aprendiz com seus liderados
5. O líder que verdadeiramente ensina tem o que ensinar

110 - O LÍDER E SUA PRODUTIVIDADE (Mateus 7:16)

01. Produtividade persegue o líder, não tem jeito a vida é assim
02. Uns desejam produtividade e ficam só no desejo
03. Uns querem produtividade, mas só produzem alguma coisa quando tem vontade. O problema e que raramente essas pessoas têm vontade
04. Produtividade sempre será fruto de hábitos e disciplina
05. Produtividade é resultado de quem somos e nos tornamos

111 - O LÍDER E O ALIMENTO DE HÁBITOS DESTRUTIVOS (1 Reis 22:52)

1. Alimentar pensamentos negativos é um hábito destrutivo
2. Alimentar sentimento de culpa é um hábito destrutivo
3. Alimentar reclamações ineficazes é um hábito destrutivo
4. Alimentar críticas constantes é um hábito destrutivo
5. Alimentar preocupações inúteis é um hábito destrutivo

112 - O LÍDER E O CRESCIMENTO EXPONENCIAL (Salmo 37:30)

1. Comece uma ação por menor que seja
2. Repita essa ação e a transforme em um hábito
3. Se desafie a ações maiores
4. A cada dia o líder deve melhorar, planejar, desenvolver, construir, escrever e etc.
5. Não se derruba gigantes com uma montanha nas mãos, mas podemos começar com uma pedrinha

113 - O LÍDER E A SUA CONCENTRAÇÃO (Jeremias 18:13)

1. Concentração faz o líder produzir com qualidade
2. Concentração é fruto de saúde corporal, alimentar e mental
3. Concentração necessita de preparação de ambiente
4. Concentração acontece quando você nega o que lhe atrapalha
5. Concentração também acontece quando há paixão

114 - O LÍDER E OS ESTÁGIOS DA VIDA (2 Coríntios 13:11)

1. NASCER - Somos dependentes do que os outros ensinam
2. CRIANÇA - Descobrindo verdades
3. ADOLESCENTE - Questionamos o que sabemos
4. JUVENTUDE - Vivendo o que acreditamos
5. MATURIDADE - Geramos filhos, aprendemos com os erros, e já não somos tão preconceituosos

115 - O LÍDER GERENCIA AS SUAS PALAVRAS (Provérbios 15:7)

1. Palavras têm poder de construir ou destruir reputação
2. Palavras podem unir ou desunir amizades

3. Palavras podem motivar ou desmotivar liderados
4. Palavras podem dar direção ou desorientar projetos
5. As palavras fazem a diferença, saiba usa-las

116 - O LÍDER E A INTELIGÊNCIA COMPORTAMENTAL
(Deuteronômio 12:30)

1. Ele entende e sabe lidar com sentimentos e emoções
2. Ele entende quais são as emoções e sentimentos dos liderados
3. Por entender o próximo tem empatia
4. Por entender o próximo ele clareia o entendimento desta pessoa para a realidade do que sente, do que faz e da emoção tóxicas que possui
5. Pessoas mudam e entender como isso funciona é fundamental

117 - O LÍDER E AS RAZÕES PARA MENTOREAR (Salmos 77:20)

01. A mentoria alinhar as estratégias junto aos liderados
02. A mentoria transfere o conhecimento necessário aos liderados
03. A mentoria revela falhas e erros que podem ser tratados entre os liderados
04. A mentoria identifica quem são as pessoas que realmente estão dispostas a aprender
05. A mentoria é um desafio de desenvolvimento para o próprio líder

118 - O LÍDER E A RESILIÊNCIA (Rute 2:10)

01. O líder resiliente possui a capacidade de ter uma conduta sã num ambiente insano
02. O líder resiliente é capaz de identificar padrões negativos hoje necessários para mudar a estrutura do amanhã
03. O líder resiliente fala de uma pessoa que se recupera e se supera
04. O líder resiliente não permitirá a incredulidade em suas ações
05. O líder resiliente buscar formas de se adaptar às realidades

119 - O LÍDER E A GESTÃO DE SUA EQUIPE (Lucas 24:53)

01. Ele investe em planejamento
02. Ele faz reuniões frequentes para avaliar resultados e fazer cobranças
03. Ele faz a gestão das pessoas
04. Ele visita supervisiona os trabalhos
05. Ele mentoria aos liderados na direção da excelência

120 - O LÍDER CRIATIVO (Atos 7:50)

1. O líder criativo buscar inovações ou criar algo do zero
2. O líder criativo não tem medo de errar, grandes ideias foram aperfeiçoadas a partir dos erros

3. O líder criativo sabe que ficar preso ao computador não é saudável. Ele sai se diverte e se relaciona e etc.
4. O líder criativo transforma ideias velhas em obra de arte
5. O líder criativo incomoda muita gente

121 - O LÍDER E O DISCIPULADO (Atos 20:27)

1. Não existe liderança autêntica sem discípulos
2. O discipulado é uma expressão de amor pelas pessoas
3. Ela faz parte da fé Cristã uma pratica dos apóstolos
4. Uma arma de conquista
5. Um desafio de crescimento pessoal

122 - O LÍDER E AS ATITITUDES DE MOTIVAÇÃO (Salmos 126:2)

01. Amor - Um sentimento motivador
02. Fé - Com ela agradamos a Deus e nos movemos
03. Perseverança - Em momentos difíceis ela nos impulsionar a continuar.
04. Ousadia - Nos ajuda a alcançar resultados.
05. Alegria - Nos ajuda a manter o equilíbrio emocional

123 - O LÍDER E A SUA ATITUDE DE EXCELÊNCIA (1 Crônicas 22:5)

1. Ele se prepara
2. Ele faz o que tem que ser feito com alegria
3. Ele é o cuidadoso
4. Ele busca da exemplo
5. Ele mentoria

124 - O LÍDER E AS CAUSAS DA PROCRASTINAÇÃO (Eclesiastes 10:18)

01. A procrastinação pode ser definida como deixar para amanhã o que se pode fazer hoje
02. A procrastinação é causada pela aversão à tarefa (Isso é tão chato de fazer!)
03. A procrastinação é causada por impulsividade (Prefiro me divertir a fazer esse trabalho!)
04. A procrastinação é causada pela distração (Eu tinha que fazer isso, mas me liguei na internet)
05. A procrastinação é causada pela falta de motivação (Eu até queria fazer, mas por que fazer?)

125 - O LÍDER E O COMBATE A PROCRASTINAÇÃO (Eclesiastes 10:18)

1. O líder acaba com a procrastinação avaliando-se - Medite sobre suas ações e valores
2. O líder acaba com a procrastinação agindo com atitude consciente
3. O líder acaba com a procrastinação reduzindo suas distrações - Desligue tudo

4. O líder acaba com a procrastinação buscando força de vontade - saiba o que você quer
5. O líder acaba com a procrastinação dando valor ao seu tempo

126 - O LÍDER E O ATRAPALHO NA CRIATIVIDADE (Isaías 40:29)

1. O atrapalho na criatividade está em ficar preso a rotina
2. O atrapalho na criatividade está em manter foco só na execução
3. O atrapalho na criatividade está em nunca ter tempo
4. O atrapalho na criatividade está em ter medo de errar
5. O atrapalho na criatividade está em ficar esperando uma ideia genial

127 - O LÍDER E O MARKETING PESSOAL (1 Timóteo 3:3)

1. Seja maduro e atualizado
2. Seja simpático e educado
3. Seja otimista e entusiasta
4. Seja encantador e alegre
5. Seja relacional e comunicativo

128 - O LÍDER ARROGANTE (Salmos 36:2)

1. Ele julga ter superioridade moral, social, comportamental e intelectual
2. Ele possui atitude prepotente em relação as pessoas e liderados
3. Ele tem atitude de desprezo às ideias e talentos de seus liderados
4. Ele não reconhece seus erros
5. Ele geralmente inibe o crescimento de sua liderança

129 - O LÍDER AGRESSIVO (Salmos 140:1)

1. Ele age com violência psicológica
2. Ele age com atitude de humilhação
3. Ele age com atitude de constrangimento
4. Ele age com o objetivo destruir a autoestima do liderado
5. Ele age com intuito de causar medo e intimidação

130 - O LÍDER DESONESTO (Provérbios 20:23)

1. Ele mente
2. Ele engana
3. Ele não confia em ninguém
4. Ele não é leal
5. A Simpatia é sua arma para mascará a sua desonestidade

131 - O LÍDER IRRESPONSÁVEL (Lucas 15:13)

1. Ele tem falta de comprometimento
2. Ele transfere as suas responsabilidades
3. Ele bloqueia a equipe por sua irresponsabilidade
4. Ele sempre da desculpa
5. Ele não admite suas culpas

132 - O LÍDER BAJULADO (Salmos 12:2)

1. Ama ser bajulado - sua fonte de motivação
2. Ele é injusto
3. Ele é desmotivador
4. Ele se recusa ouvir críticas ou um não
5. Ele prejudica quem não o bajula

133 - O LÍDER OMISSO (Filipenses 2:4)

1. Diante das situações não toma iniciativa
2. Não valoriza a atitude das pessoas
3. Acredita que tudo pode se resolver sozinho
4. Só procura as pessoas quando tudo dá errado
5. Ele não inspira as pessoas ao seu redor

134 - O LÍDER AUTORITÁRIO (1 Samuel 25: 25)

1. Ele quer que tudo aconteça segundo suas diretrizes
2. Ele em sua visão só faz as coisas certas
3. Ele causa frustração na liderança, e não elogia ninguém.
4. Ele não é educado no trato, age como se fosse dono de tudo e de todos
5. Ele ama apontar erros

135 - O LÍDER EXIGENTE (2 Coríntios 10: 10)

1. Ele é rigoroso nos princípios que acredita
2. Ele se preocupa em dar o exemplo
3. Ele cria um ambiente enérgico entre os liderados
4. Ele leva só em consideração a opinião e a criatividade do liderado em quem confia
5. Ele busca não perder o controle da situação

136 - O LÍDER CENTRALIZADOR (Êxodo 14: 6)

1. Tudo gira em torno dele
2. Ele não espira as pessoas de sua liderança
3. Por não confiar nas pessoas ele mesmo faz o trabalho
4. Sua atitude mata a criatividade e a espontânea de colaboração

5. Ele gosta de se sentir mestre das marionetes

137 - O LÍDER PATERNAL (Ezequiel 34: 11)

1. Ele constrói laços fraternais
2. Ele prioriza situações pessoais acima dos compromissos
3. Os relacionamentos são fundamentais na sua administração
4. Na sua administração conflitos pessoais são facilmente solucionados
5. Ele cria pessoas emocionalmente dependentes dele

138 - O LÍDER E O TRATAMENTO (Salmos 18:20)

1. Liderados precisam de atenção – nas lutas e tristezas
2. Liderados precisam afirmação – nos questionamentos
3. Liderados precisam de motivação – diante dos testes
4. Liderados precisam apreciação – nos projetos que realizam
5. Liderados precisam de respeito – eles possuem seu valor

139 - O LÍDER QUE DÁ CRÉDITO À EQUIPE (Gênesis 31:17)

1. Ele faz isso porque reconhece o valor de cada pessoa na equipe
2. Ele sabe que a valorização aumenta o desempenho da equipe
3. Ele dá crédito a quem merece, pois isso ajuda a manter o respeito e a motivação
4. Ele deixa claro que o crédito que dá aos seus liderados, é fruto de confiança, e que isso deve ser levado a sério
5. Líderes de excelência não vêem a valorização de sua equipe como um degrau a menos na sua autoridade na verdade eles apreciam essa realidade

140 - O LÍDER E AS RECOMPENSAS (Salmos 45:12)

01. Tenha o hábito de recompensar liderados
02. Recompense enquanto antes, não demore
03. O resultado de recompensar o liderado será maior retorno
04. Recompense quem merece, não negocie isso
05. A recompensa cria elo e mais fidelidade

141 - O LÍDER E O ENCORAJAMENTO (Lucas 7:13)

01. Ele reconhece o momento de encorajar os liderados
02. Ele sabe que líderes em desenvolvimento precisam ser encorajados
03. Ele entende que encorajamento incentiva o potencial
04. Ele encoraja com sabedoria e cautela o liderado merecedor na frente dos outros
05. Ele compreende que o encorajamento cria laços e fideliza

142 - O LÍDER E O AMBIENTE DE AFIRMAÇÃO (Lucas 7:48)

01. Um ambiente de afirmação gera liderados agradáveis e sociáveis
02. Um ambiente de afirmação gera liderados motivados e alegres
03. Um ambiente de afirmação gera liderados que desenvolvem suas habilidades
04. Um ambiente de afirmação gera liderados que se sentem valorizados e respeitados
05. Um ambiente de afirmação gera liderados que seguem instruções com prazer

143 - O LÍDER E AS DIFICULDADES (Jó 14:1)

01. O líder nas dificuldades se fortalece na fé e na intimidade com Deus
02. O líder nas dificuldades tem otimismo e controle das emoções
03. O líder nas dificuldades interpretam os problemas como reversíveis
04. O líder nas dificuldades faz alguma coisa e possui consciência sobre si
05. O líder nas dificuldades não cria cenário catastrófico na sua mente

144 - O LÍDER E O OLHAR INTERNO (Provérbios 24:32)

01. Um olhar interno ajuda a moldar o caráter
02. Um olhar interno ajuda na identificação de erros que não devem repetir
03. Um olhar interno ajuda na mudança de ideias insignificantes
04. Um olhar interno ajuda na reavaliação de planos, estratégias e direção de vida
05. Um olhar interno ajuda a avaliar as informações que recebemos das pessoas

145 - O LÍDER E SUA VIDA PESSOAL (Provérbios 11:3)

1. Na vida pessoal seja leve e amável
2. Na vida pessoal cuide de sua família
3. Na vida pessoal dedique-se em ter bons exemplos
4. Na vida pessoal tenha sua comunhão com Deus
5. Na vida pessoal tenha tempo para tudo

146 - O LÍDER E O MOMENTO DE DIZER "NÃO" (2 Samuel 14:29)

1. Devemos dizer "não" quando o nosso tempo está comprometido
2. Devemos dizer "não" quando sabemos que não podemos dar conta
3. Devemos dizer "não" quando a saúde física e emocional está comprometida
4. Devemos dizer "não" quando os prejuízos são eminentes
5. Devemos dizer "não" quando nossas prioridades estão sendo prejudicadas

147 - O LÍDER E A COMUNICAÇÃO ASSERTIVA (Zacarias 1:13)

1. Um líder assertivo é aquele que consegue avaliar e expressar o que ele realmente sente e pensa sobre a realidade que o cerca
2. Um líder assertivo fala com clareza sem ser agressivo
3. Um líder assertivo é honesto priorizando manter o respeito

4. Um líder assertivo é firme sem ser grosso ou mal-educado
5. Um líder assertivo faz escolhas conscientes e não foge de interações difíceis

148 - O LÍDER NÃO PRECISA AGRADAR A TODOS (1 Samuel, 29:4)

1. Tentar agradar a todos é muito frustrante e cansativo
2. Saber que você não precisa agradar a todos é libertador
3. Maturidade é saber os limites do "sim" e do "não" na liderança
4. Seja conhecido pelo que você pode dar conta de fazer e não por tentar a gradar
5. Se doe dentro dos limites do amor-próprio

149 - O LÍDER E AS DISTRAÇÕES (Neemias, 6:3)

1. Manter o foco é uma luta neste mundo de eventos
2. Distrações prejudicam a obra que você esta realizando
3. Existem as distrações sensoriais: visual, auditivo, cheiro ou barulhos
4. Existem as distrações emocionais: traição, magoas, morte de pessoas queridas e etc.
5. Use a oração como arma poderosa para vencer distrações - Jesus orava antes de suas ações

150 - O LÍDER GERENCIAMENTO DE SUAS ENERGIAS (Provérbios 3:24)

1. Tempo e energia não se recupera
2. Gaste suas energias com propósitos e direções concretas
3. Gastar energia com sua família sempre será recompensador
4. Não gaste energia e tempo com conflitos desnecessários
5. Ter saúde gera mais energia

151 - O LÍDER ALIMENTA ESPERANÇAS (Jó 14:7)

1. Quando tudo tá difícil o líder alimenta esperança
2. Quando as pessoas perdem a motivação o líder leva esperança
3. Quando as pessoas perdem a visão do futuro o líder leva esperança
4. Quando as pessoas perdem a fé em si mesma o líder leva esperança
5. Quando o líder quer ser impactante na vida das pessoas ele leva esperança

152 - O LÍDER E O BENEFÍCIO DA DÚVIDA (João, 10:24)

1. Fofocas são inevitáveis
2. Opiniões negativas sobre você são inevitáveis
3. Mentiras são inevitáveis
4. Tentações para lhe desmoralizar são inevitáveis
5. Leve uma vida que possa fazer com que a maldade dos outros seja duvidada

153 - O LÍDER LIDERA COMO? (Salmos, 108:10)

1. Lidera com alegria
2. Lidera com prazer
3. Lidera pelo compromisso com Deus e as pessoas
4. Lidera pela satisfação de ver vidas mudadas
5. Lidera com o coração no hoje

154 - O LÍDER E A ADMINISTRAÇÃO DO SEU TEMPO (Eclesiastes 3:1)

1. O tempo é o bem mais valioso de um ser humano. "Tempo não se recupera"
2. O líder tem que saber o que fazer com seu tempo. "Ele pertence a você, o alinhe a seus valores e sonhos"
3. Quem tem consciência do seu tempo não o perde com besteiras
4. A produtividade de um líder esta na sua capacidade de administrar seu tempo
5. Ninguém vai pagar por você a má utilização do seu tempo.

155 - O LÍDER E O PODER DA ASSIMILAÇÃO (Jó 37:4)

1. Assimila refletindo sobre o que aprendeu
2. Assimila colocando emoção no aprendizado
3. Assimila mantendo hábitos e padrões de repetição saudáveis
4. Assimila dando uma nova roupagem para assuntos já conhecidos
5. Assimila-se melhor quando conhecemos que tipo de memória possuímos: Visual, auditiva ou empírica

156 - O LÍDER E A PERSISTÊNCIA (Gênesis 19:3)

1. A persistência separa os medíocres dos excelentes
2. A persistência prever quem vai vencer
3. A persistência uma questão de postura
4. A persistência está na maneira de pensar
5. A persistência é o hábito dos vencedores

157 - O LÍDER E AS BARREIRAS AO CRESCIMENTO (1 Reis, 3:9-10)

1. Ninguém nasce burro, todos possuímos capacidades diferentes
2. Será que você está vivendo o seu potencial?
3. Crenças limitadoras nos impedem de melhorar
4. Busque desenvolver expertise (e a destreza e competência versada na facilidade de conhecimento em determinada área)
5. Aprenda a ensinar para você mesmo

158 - O LÍDER QUE FAZ OS LIDERADOS FUNCIONAREM (2 Crônicas 32:3)

1. Encoraje os liderados
2. Reconheça o valor dos liderados

3. Seja educado com os liderados
4. Seja claro a respeito da visão com os liderados
5. Crie um clima de justiça e crescimento pessoal

159 - O LÍDER SABE LER AS SITUAÇÕES (Gênesis 6:12)

1. O líder identifica situações por intuição
2. O líder identifica situações por intimidade com Espírito Santo
3. O líder identifica situações por experiência
4. O líder identifica situações pelas conversas
5. O líder identifica situações por investigação

160 - O LÍDER NÃO NEGOCIA (Êxodo 10:9)

1. O líder não negocia sua fé
2. O líder não negocia sua família
3. O líder não negocia sua contribuição para a obra de Deus
4. O líder não negocia os valores cristãos
5. O líder não negocia sua crença no desenvolvimento e mudança das pessoas

161- O LÍDER E OS BENEFÍCIOS DA INTEGRIDADE (Provérbios 2:7)

1. O benefício da integridade é credibilidade
2. O benefício da integridade é confiança
3. O benefício da integridade é a influência
4. O benefício da integridade é uma consciência limpa
5. O benefício da integridade é o reconhecimento

162 - O LÍDER E A DEFINIÇÃO DE EQUIPE (1 Crônicas, 12:22)

1. A equipe se define em valores comuns
2. A equipe se define em objetivos comuns
3. A equipe se define em capacidade de ouvir um ao outro
4. A equipe se define em que cada um faz sua parte
5. A equipe se define em que um guarda o outro

163 - O LÍDER E A CONQUISTA DE LIDERADOS (1 Crônicas, 12:23-40)

1. Líderes sem liderados não está liderando
2. As pessoas são nosso campo de trabalho – relacione-se com as pessoas
3. Se relacionar com as pessoas é a base para liderá-las
4. Reserve tempo para se relacionar com seus liderados
5. A liderança autêntica começa quando os liderados estão ligados ao líder pelos relacionamentos

164 - O LÍDER E O DESENVOLVIMENTO PESSOAL (Jó 34:4)

1. Desenvolvimento pessoal não é uma prática comum ao homem
2. Desenvolvimento pessoal é uma academia para desenvolver inteligência, cultura, habilidades, informações e maturidade tanto humana quanto espiritual.
3. Desenvolvimento pessoal é um ringue onde você luta contra a sua ignorância
4. Desenvolvimento pessoal não é barato
5. Desenvolvimento pessoal só é algo verdadeiramente válido se for multiplicado com outras pessoas

165 - O LÍDER E O PODER DA VISÃO (Juízes 18:26)

1. A visão dá a direção
2. A visão alimenta o seu potencial
3. A visão é motivacional
4. A visão muda o coração dos seguidores
5. A visão deve ser declarada de forma simples e poderosa

166 - O LÍDER E A MOTIVAÇÃO NA LIDERANÇA (Esdras 1:5)

1. Sua motivação na liderança é ganhar status?
2. Sua motivação na liderança é ter em quem mandar?
3. Sua motivação na liderança é ajudar a desenvolver pessoas?
4. A motivação fala do quanto tempo durará seu trabalho
5. Somente quem tem coração de servo vai longe na liderança

167 - O LÍDER E A FUNÇÃO DE ENTENDER AS PESSOAS (Mateus 17:13)

1. Entender as pessoas é função do líder
2. Entender as pessoas exige relacionamento
3. Entender as pessoas lhe ajudara a como encaixar cada pessoa na equipe
4. Entender as pessoas cria fidelização
5. Entender as pessoas lhe acrescenta sabedoria, experiência e alertas

168 - O LÍDER RESOLVE O QUÊ? (Atos 11:29)

1. O líder tem que saber resolver problemas de ordem: financeira, administrativa, social e espiritual
2. O líder tem que saber resolver com dilemas
3. O líder tem que resolver frustrações: internas, externas tanto na equipe como no pessoal
4. O líder tem que lidar com as perseguições
5. O líder tem que administrar pessoas complicadas

169 - O LÍDER PRECISA DE PESSOAS (1 Samuel, 20:4)

1. Não existe um líder completo em talentos - Entender isso é libertador
2. Deixe as pessoas saberem que você precisa delas
3. Cada pessoa no mundo possuem talentos que contribuem para liderança
4. A verdadeira liderança não caminha sozinha - Vença o individualismo
5. Quando o líder se cerca de pessoas talentosas a caminhada rumo à vitória fica mais rápida

170 - O LÍDER E A MANEIRA DE ATINGIR A META (Juízes 19:13)

1. Atingem-se metas dando prioridade
2. Atingem-se metas estando atento aos procedimentos e pagando o preço que elas exigem
3. Atingem-se metas quando estamos atentos às oportunidades
4. Atingem-se metas descartando o abstrato e focando na realidade
5. Atingem-se metas avaliando suas atitudes diárias de preparação

171 - O LÍDER E O ALIMENTO DO FOCO (Deuteronômio 5:32)

1. A falta de disciplina pode ser uma questão de foco
2. A ansiedade elimina o foco
3. A consciência da necessidade do hoje da foco
4. Não abale seu foco por causa dos erros
5. Não permita que pensamentos, pessoas e julgamentos lhe tirem o foco

172 - O LÍDER E A CONQUISTA DA ATENÇÃO (Êxodo 23:13)

1. A atenção é como um músculo precisa ser praticado
2. A atenção é uma escolha. Decida arrancar da sua vida o que lhe tira sua atenção
3. Faça a busca por resultados lhe incentive a busca da atenção
4. Decida onde pôr a sua atenção sempre
5. Atenção é um tipo de investimento a longo e curto prazo

173 - O LÍDER ATRAI LIDERADOS (Marcos 3:14)

1. Saiba quem são as pessoas que você quer atrair
2. Você está prepara para liderá-los?
3. O que você pode oferecer aos seus liderados?
4. Tenha na mente o lugar onde você vai buscá-los
5. Seja relacional, simpático, disponível e preocupado com essas pessoas

174 - O LÍDER E O USO DA INTERNET (1 Coríntios, 3:19)

1. Tenha consciência que internet quebra ou uni relacionamentos
2. Tenha consciência que internet atrapalha a produtividade quando má utilizada
3. Tenha consciência que internet pode desenvolver falta de limites no uso

4. Tenha consciência que internet quando má utilizada pode ser uma arma de morte espiritual

5. Tenha consciência como líder que internet deve ser usada principalmente para o crescimento pessoal

175 - O LÍDER E O CONTROLE DAS PREOCUPAÇÕES (Juízes, 18: 5-6).

1. Não há como fingir que não exista ou que aconteçam situações preocupantes
2. A preocupação é um mecanismo de defesa
3. Há líderes que se preocupam além da conta - isso não é saudável
4. O controle da preocupação está em acreditar que há um Deus que pode lhe ajudar
5. Use a preocupação para planejar

176 - O LÍDER E A CRIAÇÃO DE NOVOS HÁBITOS (I) (João 4: 20-21)

1. Somos fruto do que fazemos todos os dias
2. Os anos passam rápido, decida por desenvolver hábitos saudáveis para ser um vencedor
3. Novos hábitos é fruto de consistência
4. Pessoas consistentes não dependem de humor para manter hábitos
5. Um vencedor é alguém que também possui hábitos saudáveis

177 - O LÍDER E O PODER DO HÁBITO (II) (Josué 6:14)

1. Todo o vitorioso tem hábitos
2. As grandes vitórias não são frutos de um só dia
3. A complexidade pode ser vencida pela prática de hábito simples
4. Bons hábitos geram melhorias continuadas
5. A vitória pelos hábitos estar em não deixar a corrente quebrar

178 - O LÍDER E SUA SAÚDE (Jó 21: 23-24)

1. Não haverá liderança eficiente sem boa saúde
2. O psicológico não está separado do corpo - Cuidados com os excessos
3. Quem não perde tempo buscando saúde vai perder tentando recuperá-la
4. Líderes eficientes cuidam da sua alimentação
5. Líderes eficientes dormem bem

179 - O LÍDER E O VALOR DA PERSEVERANÇA (Tiago 1:3)

1. Não adianta talento sem perseverança
2. Não adianta inteligência sem perseverança
3. Não adianta conhecer as pessoas certas sem perseverança
4. Não adianta investir dinheiro sem perseverança
5. Pessoas de perseverança se adaptam e sabem lidar com os obstáculos

180 - O LÍDER X FRACASSO (Salmos 13:4)

1. O fracasso te ensina
2. O fracasso te dá um tapa de realidade
3. O fracasso te desafia
4. O fracasso te faz humilde
5. O fracasso superado é uma medalha de ouro

181- O LÍDER E O CICLO DO DISCIPULADO (Marcos 2:13)

1. Eu demonstro e você olha
2. Eu revelo o processo e você assimila
3. Você tenta fazer e eu observo
4. Nos erros eventuais vou lhe corrigir, e você vai ser humilde para aprender
5. Você aprende, eu lhe deixo e depois você ensina outros

182 - O LÍDER E A ESCASSEZ DA VONTADE (1 Crônicas 21:30)

1. A força de vontade muda realidades
2. Não é difícil ter entusiasmo, difícil mantê-lo
3. A verdadeira força de vontade é um recurso escasso - principalmente diante das lutas pessoais, espirituais e familiares
4. Não desperdice a sua força de vontade com o que é inútil para a obra que você está fazendo
5. Prioridade gera força de vontade, sem ela você dá desculpa

183 - O LÍDER E O DESENVOLVIMENTO DE CRIATIVIDADE (1 Reis 4:32)

1. Criatividade pode ser desenvolvida
2. Desenvolvemos criatividade por meio dos desafios
3. Crie uma rotina para a sua criatividade que possa ajudar a desenvolver os projetos
4. Criatividade precisa ser refinada pela lógica, coerência e compromisso com Deus e sua obra
5. Evite distrações, eles acabam com sua criatividade

184 - O LÍDER E OS LIMITES (Jó 38:10)

1. Líderes devem agradar, mas isso deve ter limites
2. Líderes devem se doar no discipulado, mas isso deve ter limites
3. Dizer sim para tudo pode ser prejudicial, ela pode ser usada por aqueles que só querem tirar vantagens
4. É muito lindo se jogar de cabeça na obra, mas isso precisa ter seus limites
5. O líder tem que conhecer os seus limites, entender isso o ajudar desenvolver uma liderança honesta, justa e equilibrada

185 - O LÍDER PRIMEIRO SE CONECTA (Deuteronômio 4:1)

1. O líder sempre busca formas de se conectar com as pessoas
2. Sem conexão não há liderança ativa
3. O início de qualquer conexão pode ser tensa, resistente e cheia de desconfiança
4. A conexão também é fruto de uma liderança atualizada e contextualizada
5. Disposição, sinceridade e humildade ajuda o líder em sua conexão

186 - O LÍDER E OS PENSAMENTOS MALIGNOS (Mateus, 9:4)

1. Pare de se preocupar demasiadamente com aquilo que você não pode ter controle
2. Você confia em Deus para deixá-lo no controle daquilo que você não tem controle?
3. Para os problemas que podem ser administrados, tenha atitude e faça o que tem que ser feito
4. De que maneira você como líder, interpreta os acontecimentos?
5. Se seu foco for dar importância para os ricos você não cresce

187 - O LÍDER E O SEU PROPÓSITO ESPIRITUAL (Salmos 105: 4)

1. Seu propósito é uma referência para seu foco
2. Qual o seu propósito de vida espiritual?
3. Qual o sentimento que você sente pela sua definição de propósito de vida espiritual que você escolheu?
4. Busque o que lhe dar mais significado e alegria
5. Liberte-se de ideias e valores antigos que lhe afastam do seu propósito espiritual

188 - O LÍDER E A INTENSIDADE (1 Samuel 7:2)

1. A Intensidade é necessária em qualquer nível de liderança
2. A intensidade gera motivação entre os liderados
3. A intensidade fala do grau de paixão do líder
4. A intensidade fala de serviço e ação
5. A intensidade pode ser transferível no mundo espiritual

189 - O LÍDER E A SUA AUTORIDADE (I) (Lucas, 4:32)

1. Autoridade é uma característica de quem faz uma obra aprovada por Deus
2. Autoridade é uma questão de tempo
3. Autoridade é algo reconhecido e não vem pela força
4. Autoridade faz a diferença no que você faz para Deus
5. Autoridade cristã provém da capacidade de obedecer a Deus

190 - O LÍDER E A ORIGEM DE AUTORIDADE (II) (Mateus, 9:8)

1. Obediência e a origem de autoridade cristã
2. Servidão e a origem de autoridade cristã
3. Intimidade com o Espírito Santo gera autoridade cristã
4. Conhecer a palavra e a origem de autoridade cristã
5. Respeitar e a origem de autoridade cristã

191 - O LÍDER E SEU MARKETING PESSOAL (Josué 6:27)

1. Num mundo onde diversas pessoas fazem a mesma coisa ter marketing pessoal lhe faz ser diferente
2. Marketing pessoal não é ficar puxando o saco, ser bajulador e exibicionista
3. Marketing pessoal só dá certo dentro do que você faz de melhor
4. Marketing pessoal tem que estar voltada para o público certo
5. Marketing pessoal é você se vender como uma obra de arte

192 - O LÍDER E O OTIMISMO (Provérbios, 31: 25)

1. O líder às vezes está cercado de problemas, mas ele não pode perder o otimismo
2. O otimismo é uma estratégia contra o desânimo
3. O otimismo é uma estratégia contra o pessimismo
4. O otimismo é uma estratégia contra o desistir
5. O otimismo é uma estratégia para avançar - Ele conhece o seu potencial mesmo em meio às crises

193 - O LÍDER E A SÍNDROME DA VÍTIMA (Jó, 10:15)

1. A vítima sempre se acha em sofrimento
2. A vítima está sempre esperando alguém para socorrê-la
3. Ela está sempre dependente da vontade dos outros
4. Ela está sempre dependente de algo aconteça
5. Líderes vitoriosos não assumem papel de vítima

194 - O LÍDER E SUA SAÚDE EMOCIONAL (Jó, 17:7)

1. Sem saúde emocional o líder não avança
2. Algumas características de uma saúde emocional abalada:
- Pessimismo,
- Síndrome do pânico,
- Ansiedade
- Sem motivação para viver
- Você acha problema em tudo
- Comportamento recluso
- Irritabilidade
- Ignorância
3. Pessoas doentes emocionais não se recolhessem doentes

4. Para ter saúde emocional separe momentos para fugir das pressões
5. Para ter saúde emocional tenha cuidado com corpo e mente: Faça exercícios e leia livros

195 - O LÍDER DEVE COMEÇAR (Levítico, 8:5)

1. Não fique só nos planos das ideias - faça
2. A recompensa está em quem faz
3. Faça todos os dias algo em prol dos objetivos
4. Você está dando o seu melhor?
5. Não tenha medo de colecionar erros – faça

196 - O LÍDER QUE SE LIDERA (Eclesiastes 2:3)

1. Liderar sua vida é o mais difícil
2. Liderar sua vida fala de administrar seu tempo
3. Liderar sua vida fala de como administra seu dinheiro
4. Liderar sua vida fala de seus relacionamentos
5. Liderar sua vida fala como você está se desenvolvendo

197 - O LÍDER E AS PESSOAS CHATAS (Efésios, 5:4)

1. Quem são os chatos
- São os que vivem reclamando
- Não dão crédito
- Criam um clima de dúvida
2. Gente chata não tem histórias de sucessos
3. Ele não ajuda só atrapalha
4. Ela não tem visão que você tem, e nem quer ter
5. Evite pessoas chatas elas contaminam

198 - O LÍDER E A ARTE DE LIDERAR (Lucas, 12: 35)

1. Liderar é servir
2. Liderar é conquistar o coração das pessoas
3. Liderar é agregar valor as pessoas
4. Liderar é fugir de regras prontas se necessário for
5. Liderança não é autoritarismo é influência

199 - O LÍDER QUE DELEGA REPUTAÇÃO (Provérbios 22:1)

1. A reputação faz com que todos entendam o valor do está sendo feito
2. A reputação influência na responsabilidade que todos devem ter no projeto que está sendo realizado
3. A reputação tem o poder de motivar pessoas
4. Dê uma reputação a zelar para as pessoas
5. Invista um pouco da sua reputação em outras pessoas

200 - O LÍDER E A ARTE DE DESAPRENDER (Jó 11:16)

1. Tem coisas que você aprendeu que hoje lhe impedem de aprender coisas novas e importantes
2. Desaprender o que lhe impede de crescer é fundamental
3. Desaprender coisas erradas lhe abre a mente para a sua criatividade
4. Acreditar na mentira é fácil desapegar dela é o difícil
5. Você tem que desaprender o que te prende a mediocridade

201 - O LÍDER E A ATUALIZAÇÃO DO O "STATUS QUO" (Hebreus 7:12)

1. O líder que se conforma com o seu "status quo" não muda
2. O líder que não atualiza as suas ações fica para trás
3. O líder que não atualiza é apenas mais um na multidão
4. O líder que não atualiza não acha novas soluções, e com isso vive na mediocridade
5. O líder que atualiza o seu "status quo" vive novas experiências

202 - O LÍDER E O PONTO FORTE DOS LIDERADOS (Juízes 1:28)

1. Os liderados geralmente têm dificuldades de identificar seus pontos fortes
2. O líder pode ajudar a identificar o ponto forte dos liderados
3. O líder pode encaixar os liderados nas suas áreas de ponto forte
4. Ser observador faz a diferença na vida de um líder que potencializa talentos
5. A função de um líder é torna as pessoas valiosas

203 - O LÍDER E OS RELACIONAMENTOS SEM LIMITES (2 Samuel 13:14)

1. Existem liderados que abusam limites
2. Quem não respeita seus limites não pode ser amigo de verdade
3. Avalie a situação para o rompimento
4. Tome a atitude do rompimento (argumento, educado e honesto)
5. Saber dizer não é algo necessário

204 - O LÍDER E O VALOR DE SEGUIR PRIORIDADES (2 Crônicas, 34:2)

1. Um líder não pode andar em dois caminhos ao mesmo tempo
2. Definir prioridades ajuda o líder a focar
3. O líder deve filtrar o que fazer para focar nas suas prioridades
4. Até o talento se torna inútil na vida de quem não tem prioridades
5. Só líderes com prioridades conquistam

205 - O LÍDER DEVE TER ESTRATÉGIAS (Eclesiastes, 9:14-15)

1. O mundo quer nos impedir de conquistar vidas para Deus
2. O líder vive de estratégias - milhares delas

3. Nem todas as estratégias serão eficientes - mas não podemos desistir de tê-las
4. Estratégias surgem da reflexão e da observação
5. Busque o poder do Espiro Santo para ter estratégias

206 - O LÍDER E O SEU TALENTO (Êxodo 35:25)

1. Todos possuem talentos
2. Talentos variam de líder para líder
3. Descobrir o talento pode não ser fácil
4. Raramente se tem excelência fora do seu talento
5. Viva em conformidade ao seu talento

207 - O LÍDER RELACIONA-SE (1 Samuel 18:3)

1. Busque se relacionar com as pessoas
2. Sempre ouça as pessoas
3. Se importe de verdade
4. Respeite os limites
5. Relacione com as pessoas em outros contextos também

208 - O LÍDER E A AUDITORIA DE LIDERADOS (Josué 7:19)

1. O líder deve identificar motivações
2. O líder deve checar resultados e conquistas
3. O líder deve avaliar comprometimento com valores e metas
4. O líder deve estar atento a desonestidade
5. O líder deve corrigir ou remover o que impede o desenvolvimento do trabalho

209 - O LÍDER E SUA IDENTIDADE (Atos 1:15)

1. Se espelhar em alguém é importante dentro de seus limites
2. Crie sua identidade isso gera significado
3. Sua identidade forma-se no entendimento do seu talento
4. Sua identidade gera ação e posicionamento
5. Sua identidade deve se alinhar aos valores da igreja e da obra de Cristo

210 - O LÍDER EDIFICA (Eclesiastes 3:3)

1. Edifica vidas
2. Edifica projetos
3. Edifica equipes
4. Edifica instituições
5. Edificar é uma missão do líder

211 - O LÍDER MULTIPLICA (Atos 7:17)

1. O líder multiplica visão
2. O líder multiplica entusiasmo
3. O líder multiplica talentos
4. O líder multiplica unidade
5. O líder multiplica sua própria liderança

212 - O LÍDER E A ORAÇÃO

1. O líder ora para ter intimidade com Deus
2. O líder ora para ter autoridade
3. O líder ora para ter unção e poder
4. O líder ora para está na dependência e direção de Deus
5. O líder ora para interceder

213 - O LÍDER DESENVOLVE COMPETÊNCIA (Êxodo 18:21)

1. Desenvolve-se competência sendo focado
2. Desenvolve-se competência sendo responsável
3. Desenvolve-se competência sendo dedicado
4. Desenvolve-se competência sendo atualizado
5. Desenvolve-se competência sendo dinâmico

214 - O LÍDER E A VERDADE QUE PRECISA SER DITA (Deuteronômio 18:17)

1. Dizer a verdade pode não ser fácil, mas sempre será necessário
2. Sempre há um preço a pagar quando se fala a verdade
3. Alguém confiável não negocia a verdade
4. A verdade pode mudar ou melhorar caminhos e projetos
5. Sempre seja diplomático na apresentação da verdade

215 - O LÍDER E PALAVRAS CERTAS NO MOMENTO CERTO (Provérbios 12:25)

1. Palavras tem poder
2. Palavras ditas no momento certo é benção
3. Palavras ditas no momento errado são maldições
4. Palavras são julgadas por Deus - tenha cuidado na maneira de administrá-la
5. Palavras devem ser usadas pelo líder com sabedoria

216 - O LÍDER E A SOLIDÃO NA LIDERANÇA (Isaías 51:3)

1. A solidão precisa ser encarada como natural na posição de liderança
2. Decisões podem deixar o líder um pouco longe dos liderados
3. Responsabilidades deixar o líder um pouco longe dos liderados

4. Líderes caminham com líderes e isso pode amenizar a solidão
5. Focar na família também ajuda a superar a solidão na liderança

217 - O LÍDER E A FELICIDADE (Salmos 21:4)

1. A felicidade do líder está na sua caminhada de vida
2. A felicidade do líder está em sua vida com Deus
3. A felicidade do líder está em cuidar de sua família
4. A felicidâde do líder está liderar com paixão
5. A felicidade do líder está em desenvolver liderança nas pessoas

218 - O LÍDER E O ENGAJAMENTO DE PESSOAS (Isaías 41: 6)

1. O líder deve gerar compromisso nas pessoas
2. O líder deve gerar unidade nas pessoas
3. O líder deve gerar dedicação das pessoas
4. O líder deve gerar visão nas pessoas
5. Gerar engajamento é um grande desafio para todo o líder

219 - O LÍDER E SUAS AÇÕES DE RESULTADOS (1 Coríntios 9:10)

1. Desenvolva pessoas e você terá resultados
2. Relacione-se com as pessoas e você terá resultados
3. Administre mudanças e você terá resultados
4. Transmita e viva a visão e você terá resultados
5. Crie e reinvente ações para resultados

220 - O LÍDER E OS LIDERADOS AZEDOS (Provérbios 6:12)

1. O liderado azedo é mal-humorado, reclamão e rabugento
2. O liderado azedo vive comparando o seu líder com outras lideranças
3. O liderado azedo justifica sua inércia no mal exemplo dos outros
4. O liderado azedo menospreza avaliações e ações dos seus líderes
5. O liderado azedo sempre culpa os outros pela sua falta de resultados

221 - O LÍDER E AS AÇÕES CONSISTENTES (2 Crônicas, 26:12)

1. Todo o ser humano tem problemas com consistência:
    - Por causa da tendência a hipocrisia
    - Por não ter consciência de tal realidade
2. Se autoavaliar é fundamental para analisar consistência
3. Perguntar as pessoas de confiança se suas ações estão de acordo com suas palavras ajuda
4. A discrepância entre o agir e o falar pode prejudicar o líder em sua liderança
5. Ser inconsistente gera muitos prejuízos pessoais e financeiros

222 - O LÍDER E O DISCERNIMENTO (Provérbios, 18: 15)

1. Discernimento é resolver uma questão usando intuição e racionalidade
2. Discernimento ajuda na solução de caos atuantes no dia a dia
3. Discernimento lhe dá uma visão para a solução
4. Discernimento garante oportunidades
5. Quem não tem discernimento vive de sorte, e nem sempre a sorte contribui

223 - O LÍDER E A ADMINISTRAÇÃO DE TAREFAS (Provérbios, 29:8)

1. O acúmulo de tarefas é um problema para o líder
2. A melhor maneira de executá-los é dividi-los em:
   - Importantes
   - Necessários
   - Delegáveis
3. Administre suas tarefas em uma tabela de tempo
4. Recrute pessoas que possam ajudá-lo
5. Sempre busque ânimo para executá-lo

224 - O LÍDER VOLUNTÁRIO (Juízes, 5:9).

1. Doar um pouco mais de si é importante
2. O egoísmo se vence doando um pouco de quem somos para ajudar outros
3. Generosidade não é uma questão classe social
4. Não se doa só dinheiro, mas também tempo e talento
5. Só quem se doa pode ser uma pessoa abundante

225- O LÍDER E A MENTALIDADE DO APRENDIZADO (Lucas, 6: 40)

1. Aprendizado é uma atitude
2. Todas as situações nos oportunizam aprendizado
3. Fracasso ou vitória é fonte de aprendizado
4. O aprendizado acontece na repetição
5. Aprendizado te faz maduro, habilidoso e experiente

226 - O LÍDER E A MISSÃO (1 Samuel, 20:4)

1. Ele deve compreender a sua missão
2. Ele deve compreender as tarefas que exige a missão
3. Ele deve gerenciar os caminhos para a concretização da missão
4. Ele deve motivar e delegar pessoas para a missão
5. Ele deve avaliar a caminhada da missão

227 - O LÍDER E SUAS VIRTUDES I (Provérbios, 31:28)

1. O líder deve respeitar
2. O líder deve ser altruísta

3. O líder deve ser honesto
4. O líder deve ter responsabilidade e compromisso
5. o líder deve ser paciente

228 - O LÍDER E SUAS VIRTUDES II (Provérbios, 31:28)

1. O líder deve ser gentil
2. O líder deve ser humilde
3. O líder deve saber perdoar
4. O líder deve ter integridade
5. O líder deve saber trabalhar em cooperação

229 - O LÍDER E SUAS VIRTUDES III (Provérbios, 31:28)

1. O líder deve ser motivador
2. O líder deve ser comunicativo
3. O líder deve ser cheio de Deus
4. O líder deve ter conhecimento da palavra de Deus
5. O líder deve ser submisso a autoridades superiores

230 - O LÍDER E SUAS COMPETÊNCIAS (Deuteronômio, 5:13)

1. Deve ter a competência de interpretar objetivos e missões
2. Deve ter a capacidade de estabelecer prioridades
3. Deve ter a habilidade de planejar e programar atividades
4. Deve encontrar soluções de problemas
5. Deve supervisionar orientar e delegar responsabilidades

231 - O LÍDER E SUAS CARACTERÍSTICAS CRISTÃS (Atos, 11:26)

1. Deve ser segundo o coração de Deus
2. Deve ser disposto a abrir mão de suas próprias vontades
3. Deve ser interessado no bem-estar das pessoas
4. Deve ser guiado pelo Espírito Santo
5. Deve viver os princípios da palavra na sua liderança

232 - O LÍDER E ALGUMAS PERGUNTAS RELEVANTES I (Jó 38:3)

1. Eu admito meus erros?
2. Eu me interesso em querer descobrir novas coisas?
3. Eu Tenho um diálogo agradável?
4. Eu aceito sugestões?
5. Será que eu só mando e nada faço?

233 - O LÍDER E ALGUMAS PERGUNTAS RELEVANTES II (Jó 38:3)

1. Será que o que falo influência?
2. Meu testemunho influencia positivamente?
3. Será que sei perdoar?
4. Será que estou planejando?
5. Tenho prestígio entre os liderados?

234 - O LÍDER E SUA FAMÍLIA (Salmos 96:7)

1. Administre tempo para a sua família
2. Nossa família é fruto de nossa liderança
3. Permita que sua família participe de sua liderança quando possível
4. Sua liderança má administrada pode ser um fator de destruição para a sua família
5. Ame sua família

235 - O LÍDER ENCORAJADOR (Atos 15:31)

1. Seja um incentivador
2. Use as palavras para dar vida e paz
3. Sempre tenha algo gentil para dizer para as pessoas
4. Encoraje importando-se com as pessoas
5. Crie um ambiente na sua equipe de ajuda e apoio as pessoas

236 - O LÍDER E OS TIPOS DE LIDERADOS (Eclesiastes, 3:1)

1. Liderados de longo prazo - São liderados recém-chegados que vão precisar passar por amadurecimento, conhecimento, treinamento e experiência
2. Liderados de médio prazo - São aqueles que possuem certo conhecimento e treinamento, mas sem maturidade e experiência
3. Liderados de curto prazo - São liderados que já estão maduros e protos já esperando experiência para multiplicar liderança
4. Liderados dentro do prazo - São liderados que possuem experiência, amadurecimento, conhecimento e treinamento para multiplicar
5. Liderados de fim de prazo - São liderados que possuem experiência, mas perderam a motivação e vitalidade

237 - O LÍDER E O ELOGIO (1 Coríntios 11:2)

1. Elogiar é fundamental
2. Elogie com sinceridade o que tem que ser elogiado
3. Elogie em público
4. A falta dos elogios desanima a equipe
5. Elogiar lhe aproxima do coração das pessoas e liderados

238 - O LÍDER E O SEU NÚCLEO (Jó 29:7)

1. O líder tem que trabalhar com as multidões e formar um grupo seleto
2. Todo o líder precisa de um grupo seleto de pessoas a seu redor
3. O grupo seleto aproveita melhor o ensino
4. O grupo seleto sempre se torna a continuação da missão
5. Jesus formou um grupo seleto que fez a diferença

239 - O LÍDER ENCORAJADOR (Atos, 16: 40)

1. Todo o líder deve ser um encorajador
2. O encorajador cultiva convicções das pessoas
3. O encorajador dá uma visão positiva
4. O encorajador alimenta a alma das pessoas com coragem
5. O encorajador deixa sua marca positiva nas pessoas para sempre

240 - O LÍDER E AS EMOÇÕES DISCIPLINADAS (Habacuque, 1:9)

1. É uma responsabilidade do líder ter emoções equilibradas
2. Emoções equilibradas se conquistam com decisão
3. Emoções equilibradas (em questões espirituais) se conquistam com libertação
4. Emoções equilibradas (em questões de doenças) se conquistam com tratamento
5. Você domina suas emoções ou você e dominado por ela?

241 - O LÍDER E AS COMPETIÇÕES (Eclesiastes, 4:4)

1. A melhor competição é aquela feita contra você mesmo
2. Desafie-se a ser melhor do que você foi ontem
3. De vez em quando observe a qualidade dos outros - e avalie-se
4. Pergunte para as pessoas de sua confiança como anda seu desempenho e crescimento
5. Nunca pare de crescer mesmo em frete a realidade dos outros

242 - O LÍDER E OS CAMINHOS PARA O CORAÇÃO (Jó, 37:1)

1. Líderes devem saber tocar o coração das pessoas
2. Nem sempre a razão convence
3. Compreenda as tristezas, os valores, os orgulhos e etc.
4. Seja cauteloso e nunca seja afobado na conquista do coração das pessoas
5. Quem ganhou o coração ganhou um aliado

243 - O LÍDER E O SENTIDO DE PROPÓSITO (Provérbios 20: 5)

1. Líder tem propósitos
2. Não há vitória sem propósitos
3. Você já elegeu seu propósito?
4. Ande ao lado de pessoas de propósitos e você se contaminara com o ânimo deles

5. A vida sem propósitos é uma vida vazia

244 - O LÍDER, ENCORAJADOR DOS SONHOS (Deuteronômio 20: 9)

1. Sonhos são preciosos na vida das pessoas
2. Como líder valorize as pessoas e seus sonhos
3. Líder motiva em frente às dificuldades a serem enfrentadas
4. Esteja disposto a ajudar da melhor maneira
5. Palavras incentivam, então tenha sempre uma boa palavra

245 - O LÍDER E OS RISCOS (Juízes, 9: 17)

1. Liderar é andar em terreno minado
2. Fracassar é um grande risco na liderança
3. Quem quer fazer diferença corre riscos
4. Oportunidades surgem e os riscos vêm no pacote
5. Pior do que errar é nunca se arriscar.

246 - O LÍDER E A AVALIAÇÃO (Provérbios 31:16)

1. Ninguém vence sem uma ampla avaliação do que esta fazendo
2. Como avaliamos a produtividade do que fazemos?
3. Como lidamos com os resultados de nossa avaliação?
4. Não importa como nos sentimos a respeito do que fazemos, a avaliação é a verdade
5. Na avaliação compartilhe soluções e assume responsabilidades

247 - O LÍDER E O ENSINO PARA DESENVOLVER (Ezequiel, 31: 4)

1. Saber sobre liderança é a obrigação de todo o líder
2. Ensinar os liderados a se autodesenvolverem é a excelência da liderança
3. Você nunca morrera se o que você ensina desenvolve pessoas a se desenvolverem
4. O que você faz precisa alcançar outras gerações, e só a arte do autodesenvolvimento pessoal motivado por seus ensinos faz essa proeza
5. Torne não só as pessoas melhores, mas permanentemente melhores

248 - O LÍDER ENTENDE AS PESSOAS (Jeremias, 11:18)

1. Ele entende como as pessoas pensam
2. Ele entende como as pessoas sentem
3. Ele entende como as pessoas se comportam em certas situações
4. Sua liderança se adapta a realidade das pessoas, pois as entende
5. Quem não sabe interpretar pessoas não poderá liderar com excelência

249 - O LÍDER E OS CONSELHOS (Provérbios 2:1)

1. Seus conselhos geram encorajamento?
2. Seus conselhos geram reflexões?
3. Seus conselhos geram otimismo?
4. Seus conselhos geram mudanças benéficas?
5. Seus conselhos geram o fortalecimento necessário para a conquista da visão?

250 - O LÍDER E A MATURIDADE (Filipenses 3:15)

1. Maturidade é fundamental para um trabalho de sucesso na liderança
2. A maturidade nos dar um leque de experiências para obter e avaliar o trabalho que estamos realizando com maior sabedoria
3. A maturidade é fruto de experiências vividas somadas ao conhecimento que você vai adquirindo
4. A maturidade também é conquistada com vida espiritual séria diante de Deus
5. A maturidade pode gerar uma gestão de excelência

251 - O LÍDER ATUANTE (Gênesis 41: 47 - 49)

1. Todo líder sabe que pensar é mais fácil que fazer acontecer
2. Sem pensar não se podem definir as metas para vencer
3. Continuar tentando até acertar e a meta de quem quer ser vencedor
4. Ninguém é perfeito, mas não podemos deixar de progredir.
5. Ficar parado é pior do andar lento.

252 - O LÍDER ENTUSIASTA (Filemom 1:7)

1. O líder de impacto é alguém entusiasta
2. O entusiasmo gera mobilização
3. O entusiasmo gera produtividade
4. O entusiasmo e a irracionalidade positiva frente à razão dos fatos negativos
5. O entusiasta muda realidades apáticas em celeiros de motivação e esperança

253 - O LÍDER E O SEU MODELO DE LIDERANÇA (Mateus 8:23)

1. Quem lhe influência?
2. Devemos definir um modelo de líder que devemos ter por base
3. Essa pessoa lhe tem influenciado em quê?
4. Extraia o melhor das pessoas
5. Adote um mentor que possa valer a pena seguir

254 - O LÍDER E AS ESCOLHAS (Provérbios 4: 26)

1. Vivemos de escolhas
2. Nossas escolhas dependem da visão que adotamos
3. O potencial de nossas escolhas esta na disposição de pagar o preço que isso exige

4. A realidade gera nossas escolhas
5. Péssimas escolhas geram longos e penosos atrasos

255 - O LÍDER E O PODER DO ENCORAJAMENTO (Êxodo 20:20)

1. O encorajamento da poder e é poder
2. Encoraje com palavras
3. Encoraje com mensagens
4. Encoraje com atitudes
5. Encorajamento muda a vida das pessoas

256 - O LÍDER E A VISÃO (Gênesis 22:4)

1. Visão é claridade com propósito
2. Visão é conexão com objetivos
3. Visão é motivação para atitude
4. Visão é desafio com estratégia
5. Visão é sonho com realidade

257 - O LÍDER ESPERA O MELHOR (Gênesis 8: 6-7)

1. Espera o melhor de Deus
2. Espera o melhor de sua equipe
3. Espera o melhor das circunstâncias
4. Espera o melhor de si mesmo
5. Espera o melhor de onde não se espera

258 - O LÍDER E O ESTABELECIMENTO DE OBJETIVOS (Juízes 3:2)

1. Líderes estabelecem objetivos
2. Esses objetivos devem estar de acordo com a realidade
3. Alcançar objetivos dá trabalho
4. Escreva e divulgue seus objetivos para semear no coração dos liderados
5. Sempre avalie seus objetivos para analisar seus avanços e retrocessos

259 - O LÍDER ABERTO AO APRENDIZADO (Hebreus 5:8)

1. Admita você não sabe tudo
2. O aprendizado é uma luta contra a sua própria vaidade e arrogância
3. Aprenda com as pessoas
4. Aprenda com a leitura
5. O conhecimento é fruto de uma mente aberta

260 - O LÍDER DEVE SER UMA PESSOA ACESSÍVEL (Atos 5:25)

1. Sou alguém acessível?
2. Só pessoas acessíveis influenciam com mais facilidade

3. A minha falta de acessibilidade é fruto de decepções ou traumas?
4. Jesus era acessível
5. Seja aberto ao diálogo assumindo ser gentil e influenciador

261 - O LÍDER ESTABELECE O CURSO (Juízes 12:11)

1. Líderes estabelecem direções
2. Direções estabelecem estratégias
3. Estratégias estabelecem organização de pessoas e recursos
4. Pessoas e recursos são frutos de influência, credibilidade e ação diante do curso estabelecido
5. Qual o seu curso?

262 - O LÍDER FAZ QUANDO NÃO HÁ QUEM FAÇA (João 13:4)

1. Líder dondoca não vence
2. O líder precisa entender um pouco de tudo que faz seu trabalho funcionar
3. Ele adota a mentalidade do "o que for preciso farei"
4. Seu objetivo é mais importante do seu status de líder na hierarquia
5. Preencha a lacuna e faça a diferença

263 - O LÍDER E A ADAPTAÇÃO (2 Samuel 2:3)

1. Tudo muda, somos adaptáveis?
2. A adaptação pode decidir nossos caminhos
3. A adaptação fala de constante atualização
4. A adaptação fala de esforço pessoal
5. Você está disposto a mudar constantemente?

264 - O LÍDER E SUA COMUNICAÇÃO (Levítico 10:8)

1. O líder deve se comunicar direito
2. A visão mal explicada é prejuízo e atraso
3. Se utilize de todos os recursos para passar a visão
4. Você tem avaliado sua comunicação
5. As pessoas só fazem direito, quando as instruções são claras.

265 - O LÍDER EVITA FOFOCA (Provérbios 12:13)

1. Não existe nada de bom na fofoca
2. A mensagem divulgada na fofoca geralmente vem com distorções e calúnias
3. Fofoca gera fofoca. Quem ouve também vira fofoqueiro
4. Geralmente a fofoca é fruto de sentimentos amargos no coração da pessoa como: Inveja, ódio, malignidade, inferioridade e etc.
5. Líderes nobres estão sabem a diferença entre informação e fofoca

266 - O LÍDER VAI ALÉM DE SEUS PONTOS FORTES (Lucas 22:38)

1. Temos o hábito de andar com quem fala a nossa mesma língua, valores e hábitos.
2. Infelizmente andar com quem só anda em nosso ponto de vista nos faz em uma bolha ideológica.
3. Os diferentes podem nos ensinar coisas que não aprenderíamos convivendo com semelhantes
4. Os diferentes são para serem analisados e não desrespeitados
5. Conheça novas pessoas que podem enriquecer seus valores

267 - O LÍDER E SUA CRENÇA NO POTENCIAL DAS PESSOAS (Atos 9: 26-27)

1. Líderes fazem as pessoas acreditarem no seu potencial
2. Líderes investem no potencial das pessoas
3. Líderes criam momentos para potencializar as pessoas
4. Somente quem te amor pelas pessoas podem investir nas pessoas
5. Só multiplica líderes aqueles que investem nos liderados

268 - O LÍDER FAZ A COISA CERTA (Jó 34:4)

1. Fazer a coisa certa está relacionado ao caráter
2. Fazer a coisa certa nem sempre será prazeroso
3. Fazer a coisa certa é a única atitude que gera mudanças benéficas
4. Fazer a coisa certa garante boa consciência
5. Fazer a coisa certa alicerça paz em todos os sentidos

269 - O LÍDER FAZ PONTES (Gênesis 47:2)

1. O líder cria ponte entre as pessoas
2. Em uma simples apresentação de pessoas o líder pode mudar vidas
3. Vivemos de contatos e negá-los é atrasar planos
4. Apresentar pessoas a outras pode gerar inspirações
5. Todas as pessoas têm algo que pode acrescentar as outras, e criar pontes podem gerar experiências de aprendizado

270 - O LÍDER E A EQUIPE INTERLIGADA (Juízes 20:11)

1. Uma equipe de sucesso está na interação entre eles
2. Comunhão fortalece a equipe
3. Amizades sinceras fortalecem a equipe
4. Crie ambientes que gerem relacionamentos entre os membros da equipe
5. Uma equipe criativa estar na interligação criada entre eles

271 - O LÍDER FAZ OS OUTROS SE SENTIREM IMPORTANTES
(2 Crônicas, 35: 2)

1. Pessoas é o foco da liderança
2. Líderes medíocre menosprezam o valor das pessoas, líderes excelentes as exaltam
3. Líderes medíocre querem atenção para sim, líderes excelentes dão atenção
4. Líderes medíocre exploram talentos sem investir neles, líderes excelentes potencializam talentos
5. Líderes medíocres tocam vidas e elas pioram, líderes excelentes as melhoram

272 - O LÍDER E A VIVÊNCIA DO QUE APRENDEU (Mateus, 23:27)

1. Somos bombardeados por informações que às vezes não praticamos
2. Devemos sempre escolher o quer viver e praticar de tudo o que recebemos
3. Se você não prática logo não aprenderá com eficácia
4. Líderes vitoriosos vivem do que aprenderam
5. Praticar o que aprendeu tem um preço.

273 - O LÍDER FAZ DO FRACASSO UM AMIGO (Jó, 17:11)

1. O fracasso é um amigo que ensina as consequências de atitudes malconduzidas
2. O fracasso é um amigo que te ensina a identificar valores destrutivos
3. O fracasso é um amigo que te ensina o tempo da mudança
4. O fracasso é um amigo que te ensina a ver quem são as pessoas que te cercam
5. O fracasso é um amigo que te ensina a recomeçar da maneira certa

274 - O LÍDER E AS NECESSIDADES DO TALENTO EFICIENTE
(Êxodo 35:31)

1. Talentos necessitam de crença e paixão
2. Talentos necessitam de caráter, iniciativa e foco
3. Talentos necessitam de preparação e prática
4. Talentos necessitam de perseverança e coragem
5. Talentos necessitam de responsabilidade e muito trabalho

275 - O LÍDER E A FÉ NAS PESSOAS (Gênesis 40:4)

1. Pessoas são ingratas, mas o líder nunca pode perder a fé nas pessoas
2. Ao acreditar em pessoas estaremos dando a oportunidade para que esses seres humanos mudem suas vidas
3. A influência de um líder está em oportunizar: talentos, ideias e esforços
4. A capacidade de fazer as pessoas se autovalorizarem faz de um líder alguém inesquecível
5. Acreditar nas pessoas é uma luta contra a nossa racionalidade

276 - O LÍDER FOCADO (Josué 1:6)

1. Foco determina um objetivo e sua razão de vida
2. Foco arranca de você as muitas coisas que lhe afastam de seu objetivo
3. Foco bota a nossa cabeça para pensar
4. Foco gera crescimento pessoal
5. Foco nos prepara para a vitória

277 - O LÍDER DEVE TER ANOTAÇÕES (Esdras 5:10)

1. Anote os seus pensamentos - eles tem valor
2. Escreva sobre assuntos diversos - escrever desenvolve sua capacidade intelectual
3. Escreva uma página por dia e no final do ano você terá um livro de 365 páginas
4. Anote mensagens e palestras de outras pessoas
5. Anotações sempre nos servirão cedo ou tarde não menospreze esse hábito

278 - O LÍDER E A GENEROSIDADE (Provérbios, 11: 25)

1. Todos reconhecem um líder generoso ou não
2. Sua generosidade não pode ser uma política necessária para manter status
3. O líder generoso doa: dinheiro, tempo, talento e amor
4. O líder generoso sabe que nem tudo pode ser vendido, por essa razão doa
5. A generosidade nos faz humanos melhores

279- O LÍDER GERENCIA SUAS EMOÇÕES (Números, 20: 10 -11)

1. É desastroso um líder que não sabe administrar suas emoções
2. Existe momento para cada emoção e o líder precisa saber administrar isso
3. A má administração das emoções podem destruir sonhos, projetos e visões
4. Antes da tomada de decisões importantes avalie se você está vivendo as emoções certas
5. Grande líderes geralmente usam emoções para influenciar e não para prejudicar-se

280 - O LÍDER SEM AUTORIDADE OU INFLUÊNCIA (Marcos 1:22)

1. Ninguém o leva a sério
2. Sua voz não tem credibilidade
3. Ninguém o segue
4. Trabalha muito, mas não tem resultados
5. Quem não conquista autoridade ou influência não é líder

281 - O LÍDER E O GERENCIAMENTO DE PROBLEMAS (Daniel 6:14)

1. Líderes definem o problema
2. Líderes avaliam recursos para resolvê-los
3. Líderes contam com outras pessoas

4. Líderes são práticos e não fazem corpo mole na solução de problemas
5. Líderes resolvem os problemas

282 - O LÍDER SABE IDENTIFICAR POTENCIAIS LÍDERES (Lucas 6:13)

1. A responsabilidade do líder e identificar potenciais líderes
2. Potenciais líderes é ouro em meio às rochas
3. Muitos potenciais líderes estão sendo desperdiçados por ignorância dos líderes de frente
4. Seus valores de liderança e que define se você irá ou não identificar verdadeiros líderes em potencial
5. Você não é eterno, identifique e treine potenciais líderes.

283 - O LÍDER GERENCIA SUA ATITUDE (Provérbios, 15: 21)

1. Atitude não acontece por acaso, você o faz.
2. Atitude é uma experiência de altos e baixos
3. A atitude, quanto à falta dela é perceptível
4. O gerenciamento da atitude melhora a nossa atitude
5. Tenho verificado regularmente minhas atitudes?

284 - O LÍDER E O AUTOENGANO (Provérbios, 6: 14)

1. Todo o ser humano tem a tendência ao autoengano
2. O perigo do autoengano leva as pessoas a acreditarem em uma capacidade que elas não possuem
3. O perigo do autoengano leva as pessoas a acreditarem na própria mentira
4. O perigo do autoengano sempre traz prejuízos financeiros, sócias e relacionais
5. O perigo do autoengano leva muitos a viver uma liderança hipócrita, medíocre e fora da realidade

285 - O LÍDER QUE NÃO SABE DIZER "NÃO" (Mateus, 5: 37)

1. O líder que não saber dizer "não" geralmente não reconhece seu problema
2. O líder que não saber dizer "não" tem medo da opinião dos outros
3. O líder que não saber dizer "não" tem dificuldade de se impor
4. O líder que não saber dizer "não" quer manter uma imagem de bonzinho
5. O líder que não saber dizer "não" perdeu o valor de suas prioridades

286 - O LÍDER, DO QUE É FEITO? (Provérbios 1: 2 - 3)

1. Coragem e paixão
2. Formação sólida e permanente
3. Ética
4. Respeito
5. Integridade e generosidade

287 - O LÍDER E O CHAMADO (Mateus 22: 14)

01. Todos são chamados para a liderança - em diversas áreas
02. Isso tem sido visto com desprezo - até por cristão
03. Ser chamado não quer dizer que você fará a coisa certa instantaneamente - desenvolva-se para fazer o que é certo
04. Jesus viveu a sua chamada para a liderança
05. Viver o chamado da liderança contribui para o nosso bem

288 - O LÍDER E A TRADIÇÃO (Atos 6:14)

01. Tradições é a liderança viva de homens que já morreram
02. Todo o verdadeiro líder enfatiza ou destrói tradições
03. Não há líderes que não criem tradições
04. Somente as tradições que contribuem para o desenvolvimento pessoal devem permanecer de pé pelo líder
05. Jesus quebrou tradições antigas e estabeleceu novas tradições que mudaram o mundo

289 - O LÍDER O ENSINO COM AUTORIDADE (Marcos 1:27)

1. O líder deve ensinar com autoridade
2. A autoridade do líder no ensino está no seu preparo
3. A credibilidade da autoridade no ensino está em viver o que prega
4. A verdadeira autoridade no ensino atraí
5. A verdadeira autoridade abençoa vidas

290 - O LÍDER ADMIRA PESSOAS (Lucas, 7: 9)

1. Líderes admiram pessoas
2. Líderes de ego inflado não servem pessoas
3. Líderes orgulhosos afastam as pessoas
4. Líderes pretensiosos exploram pessoas
5. Líderes valorizam o melhor das pessoas

291 - O LÍDER: VALOR DO CARÁTER X O PODER DAS EMOÇÕES (Romanos 5:4)

1. As emoções podem decidir o rumo de nossas vidas, cuidado.
2. Muitos estão liderando baseando-se apenas nas suas emoções
3. Use o seu caráter para medir suas emoções
4. Baseia-se no caráter e não nas emoções
5. Aumente seu caráter e lidere com mais sobriedade

292 - O LÍDER INFLUÊNCIA PARA CONQUISTAR SONHOS (Ester 9:4)

1. Um líder pode conquistar sonhos pela influência
2. Um líder pode influenciar equipes para realização de seu sonho
3. Um líder pode influenciar pessoas em busca da realização de seu sonho
4. Um líder influência pela motivação que seu sonho gera
5. Um líder influência quando compartilha seu sonho

293 - O LÍDER E A INICIATIVA (Lucas 3:23)

1. Um líder deve ter iniciativa
2. A iniciativa gera oportunidades
3. A iniciativa deve ser baseada em atitudes concretas
4. A iniciativa bem planejada é sucesso garantido
5. A iniciativa é uma luta constante contra sentimentos contrários

294 - O LÍDER NÃO ESTÁ APENAS EM CARGO DE COMANDO (2 Reis 21:1)

1. Liderança não é um posto de comando
2. Líderes não mandam líderes influenciam
3. Não é a posição que faz o líder ela apenas o revela
4. A posição conquista valor ou não por causa do líder
5. Liderança é um estilo de vida

295 - O LÍDER X O GERENTE (Juízes 12:11)

1. Líderes influenciam - Gerentes não precisam influenciar
2. Líderes ouvem pessoas- Gerentes não precisam ouvir pessoas
3. Líderes vão à frente - Gerentes não precisam
4. Líderes interagem - Gerentes nem sempre precisam interagir
5. Líderes assumem suas falhas - Gerentes não precisam

296 - O LÍDER NASCE LÍDER (1 Reis 3:7)

1. Você é um líder – talvez você só não saiba disso
2. Todos podem desenvolver sua liderança
3. Alguns têm mais facilidade para a liderança que outros
4. Todos possuem lideranças diferentes
5. Liderar é fundamental para a vida

297 - O LÍDER E A SUA REALIDADE (Juízes 9:29)

1. A realidade do líder é influenciar
2. A realidade do líder é motivar
3. A realidade do líder é ter ética e autenticidade
4. A realidade do líder é inspirar e conduzir

5. A realidade do líder aprender e ensinar

298 - O LÍDER SERVO (Lucas 22:27)

1. O líder serve com humildade
2. O líder serve com amor
3. O líder serve com excelência
4. O líder serve com autenticidade
5. Líder é líder quando serve

299 - O LÍDER E SUAS CARACTERÍSTICAS PESSOAIS (Romanos 13:4)

1. Zeloso
2. Compromissado
3. Dedicado
4. Bom no trato
5. Influenciador e inspirador

300 - O LÍDER MOTIVACIONAL (2 Crônicas 35:2)

1. Todo o líder precisa ser motivacional
2. Motivacional para os dias de tristeza e decepção
3. Motivacional para os dias de dúvida e descrença
4. Motivacional para os dias de enfrentamento de metas e desafios
5. Motivacional para os dias de perda de compromisso e propósito

301 - O LÍDER E A INTEGRIDADE (Jó 27:5)

1. Líderes não podem parecer íntegros, devem ser íntegros
2. A integridade ou a falta dela determinam qual a direção das ações do líder
3. A integridade ou a falta dela aceita ou rejeita o que é moralmente errado
4. A integridade é o juiz de nossos desejos conflitantes
5. A integridade gera uma liderança solida

302 - O LÍDER QUE GERA SEGUIDORES (2 Reis 8:2)

1. O verdadeiro líder se importa com as pessoas
2. Não faça de suas atividades administrativas mais importantes que as pessoas
3. Se você não gosta de pessoas dificilmente você será capaz de liderar pessoas
4. Gostar de pessoas é uma disciplina diária
5. Só o interesse por pessoas o fara ter uma multidão de seguidores

303 - O LÍDER E O FOCO PARA VENCER (Deuteronômio 32:42)

1. Não importa as dificuldades não mude o foco
2. Não importa as outras oportunidades mantenha o foco
3. Não importa o desânimo não mude o foco

4. Não importa a dor não mude o foco
5. Para quem tem foco, nada importa, o foco é o objetivo

304 - O LÍDER E AS FORMAS DE LIDAR COM O FRACASSO (Josué 7:4)

1. Não há líder que não se depare um dia com o fracasso - Ela faz parte
2. O fracasso se vence primeiro na forma de pensar
3. Aprender com erro o faz progredir sobre o fracasso
4. Fracasso se assume depois se luta para superá-lo
5. O fracasso só limita quem aceita a sua limitação

305 - O LÍDER E A HISTÓRIA DAS PESSOAS (Números 11:30)

1. O líder deve conhecer a história de vida de seus liderados
2. Conhecer a história das pessoas não é para julgá-las ou condená-las
3. Conhecer as pessoas para fazê-las especiais sempre será o objetivo
4. Valorizar a história das pessoas cria ponto de conexão
5. Líderes devem se importar com a história das pessoas

306 - O LÍDER E A MEMÓRIA POSITIVA (Salmos 94:13)

1. Nos dias ruins faz bem lembrar dos dias bons
2. Se agarrar aos maus pensamentos é investir na sua autodestruição
3. Bons pensamentos alimentam a motivação
4. Bons pensamentos ajudam a avaliar a vida e as pessoas sem discriminação focando nas qualidades das pessoas
5. Sempre registre os bons momentos. Fotos, cartas e anotações

307 - O LÍDER E A AUTO-RECUPERAÇÃO (Gênesis 14:16)

1. Se fazer de coitadinho não ajuda ninguém a vencer na vida
2. Recupere-se, você é o responsável pela sua vida
3. Crie estratégias, planos e propósitos. Sua recuperação precisa disso
4. A recuperação é um processo lento, mas deve ser contínuo
5. Siga em frente, não permita que sua vida se torne medíocre

308 - O LÍDER NÃO DEVE ESQUECER A FAMÍLIA (um Samuel 30:19)

1. Sua família sustenta seu sucesso
2. Família desestruturada liderança fraca
3. A primeira liderança começa em casa
4. Toda família saudável desenvolve o seu potencial
5. Depois de um dia de liderança família é o porto

309 - O LÍDER E A CHEGADA E SAÍDA DE LIDERADOS (Marcos 14:50)

1. É inevitável que pessoas deixem nossa liderança
2. Busque sempre desenvolver pessoas melhores dos que as que saíram
3. Desenvolva métodos de recrutamento
4. Sempre esteja atualizando liderados
5. Crie liderados com a mentalidade de gerar discípulos

310 - O LÍDER E A MAÇÃ PODRE (Marcos 3:19)

1. Sempre temos pessoas difíceis na equipe
2. Sempre mantenha o nível da conversa e do diálogo com eles
3. Seja misericordioso, mas não negocie a justiça na hora de aplicá-la
4. Não negocie o que você percebe. Se for para tirar tire.
5. Não culpe ou descarregue nas pessoas ao seu redor sua insatisfação por causa de uma maça podre

311 - O LÍDER E O ELO MAIS FRACO (Romanos 15:1)

1. Elos fracos são invitáveis em qualquer equipe
2. Pessoas se tornam um elo fraco por estarem na função errada
3. Um elo fraco surge por falta de um devido treinamento
4. Elos fracos surgem por conta de sentimentos emocionais desequilibrados
5. Elos fracos não se tratam sozinhos, lidere

312 - O LÍDER E A LIDERANÇA CORAJOSA (Gênesis 10:9)

1. Visão exige coragem para ser executado
2. Convicção exige coragem para ser mantido
3. Correr riscos exige coragem para vivido
4. Disciplina exige coragem para ser seguido à risca
5. Decisões difíceis exigem coragem para serem tomadas

313 - O LÍDER APRENDE COM SEUS LIDERADOS (Provérbios 2:9)

1. O líder cresce desenvolvendo liderados
2. O líder desenvolve responsabilidades com seus liderados no dia a dia
3. O líder amplia autoridade por fortalecer os outros
4. O líder expande lealdade por sua capacidade de influência com os seus liderados
5. O líder alarga junto com seus liderados o clima de sucesso

314 - O LÍDER E AS ATITUDES QUE GERAM RESULTADOS (Juízes 3:10)

1. O líder pode delegar responsabilidades que dê autonomia para os liderados decidirem alguns problemas
2. O líder compartilha informações que deixem todos os liderados a par das situações

3. O líder promove o combate dos maus sentimentos (fofoca, inveja, intriga e etc.) a fim de manter o bem-estar da equipe

4. O líder está sempre averiguando, questionando e procurando soluções para melhorar sua liderança e a de seus liderados.

5. O líder sempre valoriza o empenho de todos

315 - O LÍDER COM VISÃO (1 Samuel 17:27)

1. Ele tem um caminho a seguir
2. Ele sempre está se renovando - Por conta da visão que tem
3. Ele sempre está revisando a visão - Para que nada o atrapalhe
4. Ele influencia as pessoas a lhe ajudarem na conquista da visão
5. Ele vive a visão que assumiu

316 - O LÍDER QUE LIDERA PESSOAS DIFERENTES (1 Samuel 17:42)

1. Lidamos com pessoas diferentes em nossa liderança
2. É um erro liderar as pessoas da mesma forma
3. A única coisa que todos devem receber de você por igual é o respeito e a gentileza
4. As diversidades de liderança ajudam no crescimento - mas é um desafio de gestão para o líder
5. Os liderados respondem quando são liderados por um líder que sabe a forma de liderá-los

317 - O LÍDER ALARGA FRONTEIRAS (Isaías 54:2)

1. Desde pequeno somos doutrinados a viver sobre limites e regras
2. Os limites impostos às vezes nós criam barreiras para o nosso avanço
3. A disciplina muito radical pode ser um limitador de nossa criatividade
4. Tenha o desejo pelo progresso
5. Líderes sempre cruzam fronteiras - isso é um diferencial.

318 - O LÍDER ATRAI POTENCIAIS LÍDERES (Marcos 3:14)

1. Líder autêntico atrai líderes
2. Todo o líder deve desenvolver outros líderes
3. O dia a dia do líder deve ser um canal para o desenvolvimento de outros líderes
4. Sua liderança foi multiplicada quando o fardo é compartilhado
5. Você está desenvolvendo líderes?

319 - O LÍDER E A SOLUÇÃO DE PROBLEMAS (Atos 11:29)

1. Identifique a razão dos problemas
2. Não perca tempo com quem não pode gerar mudanças - pergunte sempre: Isso vai mudar a realidade?

3. Não permita que o sentimentalismo impeça uma real mudança nas coisas que devem ser mudadas

4. Não permita que os problemas desanimem as atitudes que devem ser tomadas

5. Tenha visão de diversas soluções para os problemas

320 - O LÍDER DEVE VENCER A BAIXA ESTIMA (João 16:20)

1. Tenha cuidado com as pessoas que lhe contaminam com a baixa estima. Ande com quem lhe incentiva.

2. Nunca permita que a desvalorização de si mesmo seja motivada por você mesmo

3. Não viva do passado que não deu certo

4. Fortaleça suas qualidades sem ser prepotente

5. Sempre busque novos objetivos e crescimento pessoal

321 - O LÍDER E A GESTÃO DE PESSOAS (Deuteronômio 4:1)

1. Gestão é lidar com as pessoas com dinamismo

2. Gestão é lidar com as pessoas por meio de influência

3. Gestão é lidar com as pessoas por meio do encaixe de talentos e chamado

4. Gestão é saber alinhar os valores da igreja com a vida das pessoas

5. Gestão é lidar com as pessoas a fim de que ela permaneça na visão

322 - O LÍDER E AS QUALIDADES DE VIDA PARA UMA LIDERANÇA CRISTÃ DE SUCESSO (Apocalipse 2:7)

1. Seja o autor de sua história na influência que Cristo da para você

2. Contemple a vida e a palavra de Deus e extraia delas verdades para viver

3. Tenha liberdade para ser criativo no que você faz (dentro dos valores cristãos)

4. Tenha cuidado em dormir, se alimentar e se relacionar com sua família

5. Busque ter bons pensamentos

323 - O LÍDER E OS RELACIONAMENTOS INTERPESSOAIS (Êxodo 33:11)

1. Alguns líderes usam relacionamentos com as pessoas de forma agressiva - isso não é o recomendável.

2. Alguns líderes se relacionam com seus liderados por causa dos títulos que essa pessoa possui – isso tem valor raso

3. Alguns líderes se relacionam com as pessoas, mas não buscam influenciá-las de forma alguma

4. O líder deve se encaixar em um modelo de comunicação que gere influência nas pessoas de forma positiva

5. Os relacionamentos do líder precisam ser equilibrados

324 - O LÍDER NÃO NEGOCIA CARÁTER (Provérbios 6:12)

1. Existem muitas pessoas que chegam aonde querem negando um caráter saudável
2. Muitos caem cedo ou tarde porque o seu caráter não está fundamentado em valores realmente saudável
3. Desejos sexuais diversos, arrogância, ganância e irresponsabilidade são distúrbios de caráter mais comuns
4. Devemos sempre lutar para que o nosso caráter seja sempre melhorado todos os dias
5. O líder que negocia caráter um dia deixará de liderar

325 - O LÍDER E A REJEIÇÃO (Salmos 68:6)

1. Nem sempre nossas ideias são aceitas
2. Como líder não torne a rejeição algo pessoal
3. A rejeição é um desafio para melhorar nossa vida
4. Seja fiel ao que você acredita, um dia sua honra chegará
5. Não tenha compromisso com a tristeza isso não vai ajudá-lo a vencer

326 - O LÍDER E A VISÃO MAIS AMPLA (Lucas 19:24)

1. Líderes pensam na visão do todo
2. Líderes pensam em como as suas decisões vão afetar o todo
3. A visão do líder pode ir até mesmo muito além do seu tempo
4. A visão do todo surge de um amor por aquilo que ele faz e quer alcançar
5. Melhore como líder e sua visão ficará mais ampla

327 - O LÍDER E A LUTA CONTRA A MEDIOCRIDADE (Provérbios 6:9)

1. Uma péssima formação gera mediocridade
2. Pessoas que não sabem se relacionar geram uma liderança medíocre
3. Pessoas que não possuem uma família equilibrada acabam vivendo uma liderança medíocre
4. Uma liderança que não desenvolve novas lideranças se estagna na mediocridade
5. Mediocridade é uma decisão pessoal

328 - O LÍDER E O CONTROLE SOBRE O ERRO (Eclesiastes 10:4)

1. Evite erros, crie um relatório de avaliação
2. Evite erros, se cubra de conselheiros
3. Evite erros, sempre esteja reavaliando sua conduta e motivações pessoais
4. Evite erros, esteja sempre atento a voz de Deus
5. Evite erros, ande dentro da moral e dos princípios bíblicos

329 - O LÍDER E O CAMINHO A SEGUIR (Mateus 14:29)

1. O líder que não sabe onde quer ir não está liderando

2. Líderes sabem o preço da caminhada
3. Eles não negociam a caminhada, mas se adaptam à realidade
4. Eles acreditam na caminhada – custe o que custar
5. Pessoas seguem líderes que sabem onde querem chegar

330 - O LÍDER E A BOA REPUTAÇÃO (Provérbios 22:1)

1. A boa reputação é ouro
2. A boa reputação se conquista sendo transparente
3. A boa reputação fala de valores altos na missão
4. A boa reputação se conquista na valorização das pessoas
5. A boa reputação não é ser perfeito, mas ser humilde para reconhecer seus erros e buscar sempre dar os melhores exemplos

331 - O LÍDER E A DESONESTIDADE (Provérbios 20:23)

1. Quanto mais desonesto formos, mais desonesta ficamos
2. O líder desonesto só tem cura em Cristo
3. Estamos acostumados com a desonestidade de nossa sociedade?
4. O líder desonesto é um perigo para si e para os outros
5. O líder que não larga sua desonestidade deve ser cortado da liderança

332 - O LÍDER TRANSFORMADOR (1 Samuel 22: 1 – 2)

1. Ele conquista corações
2. Ele sabe dar equilíbrio emocional nas pessoas
3. Ele busca dar seus melhores exemplos, pois ele sabe que isto influência
4. Ele reconhece que a humildade é a base para tocar em vidas
5. Ele busca sempre o conhecimento e a atualização para influenciar

333 - O LÍDER E A FALTA DE COMBUSTÍVEL (1 Reis 19: 9 - 10)

1. O combustível acaba por falta de saúde física e emocional
2. O combustível acaba por falta de atualização pessoal
3. O combustível acaba porque ele se tornou escravo de sua liderança
4. O combustível acaba quando o líder não se levanta novos liderados para ajudar a carregar o peso
5. O combustível acaba quando deixamos de sonhar alto

334 - O LÍDER E AS ÉPOCAS TURBULENTAS (Mateus 5:3)

1. Na turbulência o líder deve sempre estar presente em tudo
2. Na turbulência o líder deve construir pontes de relacionamentos sólidos
3. Na turbulência o líder deve desenvolver ações, planos e soluções
4. Na turbulência o líder deve ter a cabeça em ordem
5. Na turbulência o líder deve permitir-se ser guiado por Deus

335 - O LÍDER E O SEU MARKETING PESSOAL (Habacuque 2:2)

1. Tenha redes sociais e as atualize
2. Vista-se adequadamente
3. Evite sempre a arrogância
4. Saiba ouvir
5. Seja atualizado

336 - O LÍDER E AS QUALIDADES ADMINISTRATIVAS (1 Coríntios 12.28)

1. Seja Pontual
2. Se vista em conformidade ao ambiente
3. Tenha iniciativa
4. Tenha educação com todos
5. Seja organizado na prestação de contas

337 - O LÍDER E A FALSIDADE (Efésios 4:25)

1. Falsidade é uma característica desagradável no caráter do líder
2. Falsidade tira a credibilidade do líder
3. Falsidade pode colocar o líder em situações constrangedoras
4. Falsidade é a característica dos desonestos e interesseiros
5. Falsidade é a característica dos malignos

338 - O LÍDER PRECISA TER IDEIAS (1 Crônicas 14:8-17)

1. As pessoas valorizam líderes cheios de ideias
2. Pessoas que seguem líderes sem ideias se cansam de segui-los
3. Eu tenho ideias saudáveis? Uma pergunta que sempre devemos fazer a nós mesmos
4. Ideias motivam
5. Líderes morrem. Ideias podem permanecer após a morte.

339 - O LÍDER EFICIENTE X LÍDER EFICAZ (Eclesiastes 10.10)

1. O LÍDER EFICIENTE - Só faz o que é certo
   O LÍDER EFICAZ - Faz o que é certo e aperfeiçoa o trabalho

2. O LÍDER EFICIENTE - Segue só as ordens
   O LÍDER EFICAZ - Segue as ordens e faz mais para exercer excelência

3. O LÍDER EFICIENTE - Ele não economiza recursos
   O LÍDER EFICAZ - Ele economiza recursos e ainda faz com excelência

4. O LÍDER EFICIENTE - Ele enxuga a água do chão
   O LÍDER EFICAZ - Ele enxuga a água do chão e conserta a torneira

5. O LÍDER EFICIENTE - Ele atinge os objetivos
   O LÍDER EFICAZ - Ele não só atinge os objetivos como os ultrapassa

340 - O LÍDER AJUDADO POR PESSOAS (1 Crônicas 12:22)

1. Há líderes que são orgulhosos para aceitar ajuda
2. Eles acham que vão perder autoridade
3. O líder que aceita ajuda demonstra humildade e humanidade
4. O líder deve ter em mente o agir de Deus quando pessoas ajudam
5. Líderes não devem explorar aqueles que lhe ajudam

341- O LÍDER E A DIFERENÇA ENTRE PRINCÍPIOS E VALORES (Jó 34:27)

1. Princípios são objetivos externos ao homem
2. Valores são objetivos internos adquiridos pelo homem
3. Líderes cristãos precisam crer nos princípios bíblicos
4. Seus valores estão em acordo com os princípios bíblicos
5. Quem não alinha valores aos princípios bíblicos vivem em caos

342 - O LÍDER E O MOMENTO DAS DECISÕES (2 Samuel 3:33)

1. Não decida na empolgação da alegria
2. Não decida no momento da tristeza
3. Não decida no momento da ira
4. Não decida na ignorância dos fatos
5. Decida na calma, no espírito de Deus com inteligência e sabedoria

343 - O LÍDER NÃO PEGA ATALHOS (Jeremias 18.15.)

1. O sucesso e a vitória não tem atalhos
2. Atalhos falam de uma pessoa preguiçosa e desonesta
3. Atalhos falam de uma mentalidade que não valoriza o preço a pagar
4. Atalhos desonestos sempre causam prejuízos cedo ou tarde
5. Atalhos falam de um caráter que precisa ser tratado

344 - O LÍDER E O TRABALHO DILIGENTE (João 5.17)

1. O dirigente é voltado para a excelência
2. O dirigente é voltado no foco da missão
3. O dirigente quer produzir resultados
4. O dirigente é voltado para o desempenho pessoal
5. O dirigente geralmente conquista qualidade e quantidade nos resultados

345 - O LÍDER SATISFEITO (Salmos 107.9)

1. Um líder satisfeito tem uma visão animadora de si mesmo
2. Um líder satisfeito não reclama dos recursos que possui, mais trabalho para aumentar os recursos que lhe são disponíveis
3. Um líder satisfeito sabe que precisa trabalhar muito para manter a sua satisfação
4. Um líder satisfeito reconhece suas limitações, mas buscar melhorar
5. Um líder satisfeito é uma pessoa grata pelo que tem

346 - O LÍDER E A PREGUIÇA (Provérbios 10:4-5)

1. Há muitos líderes que levam uma vida preguiçosa e acomodada
2. O Preguiçoso não é protagonista de sua vida
3. O preguiçoso vivem debaixo de prejuízos e maldições
4. O preguiçoso não valoriza o tempo e o perde com sono
5. O preguiçoso está com a mentalidade medíocre

347 - O LÍDER E A MENTE SUPERIOR (1 Coríntios 14.20)

1. Uma mente superior busca o conhecimento
2. Uma mente superior busca está em harmonia com Deus, as pessoas e suas tarefas
3. Uma mente superior tem seu objetivo formado
4. Uma mente superior luta contra suas próprias limitações
5. Uma mente superior pensa de forma estratégica, planejada e com ações específicas

348 - O LÍDER E O SEU VALOR PESSOAL (1 Pedro 3:3-4)

1. Qual o valor que damos para nossa capacidade de liderança?
2. Seu valor pessoal faz o diferencial
3. Seu valor pessoal também se apresenta na sua capacidade de servir
4. Seu valor pessoal se apresenta no seu impacto nas pessoas
5. Seu valor pessoal está em conformidade com o seu caminho de vida?

349 - O LÍDER E OS VÍCIOS EMOCIONAIS (Provérbios 25.28)

1. Muitos estão viciados em pensamentos tóxicos
2. Muitos estão viciados em comportamentos tóxicos
3. Muitos estão viciados em amizades tóxicas
4. Muitos estão viciados em problemas tóxicos
5. Muitos estão viciados em sua autossabotagem

350 - O LÍDER ACIMA DA MÉDIA (Romanos 12.11)

1. Ele busca o conhecimento
2. Tem atitude
3. Desenvolve suas habilidades

4. Não compromete seu caráter
5. E possui intimidade com Deus

351 - O LÍDER COLHE O QUE PLANTA (Gálatas 6:8)

1. Plante amor e você colherá amor
2. Plante trabalho e você colherá resultados
3. Plante capacitação e você colherá profissionalismo
4. Plante respeito e você colherá valorização
5. Plante fé, intimidade com Deus e você colherá milagres

352 - O LÍDER ATRAI QUEM ELE É (João 12:32)

1. Se você é presunçoso vai atrair presunçosos, se você é estudioso vai atrair estudiosas, se você é um líder vai atrair outros líderes e etc
2. As pessoas que você atrai lhe agradam? Se não lhe agradam, melhor você avaliar quem você é.
3. Como líder você poderá atrair pessoas diferentes de você, mas elas serão transformadas pela sua influência
4. Sempre há tempo de mudar quem somos e nos transformar em pessoas melhores
5. Seja sempre uma fonte que jorra, desta maneira você atrairá as multidões

353 - O LÍDER NÃO PODE FAZER TUDO (Êxodo 18.17-23)

1. Tem coisas que você não pode fazer
2. Não fique triste por não poder fazer tudo sozinho- vença seu individualismo
3. Aquilo que não pode ser feito por nós delegamos
4. Aquilo que é de nossa responsabilidade, não dever ser delegado
5. O diferencial entre vencedores e perdedores esta na forma como se lida com tudo o que podemos fazer ou não

354 - O LÍDER E A SINERGIA (Levítico 26:8)

1. Cria-se sinergia quando mobilizamos pessoas em torno de uma visão
2. Cria-se sinergia quando se faz de uma visão pessoal uma meta dos colaboradores
3. Cria-se sinergia quando você luta pela causa de todos e todos lutam pela sua causa
4. A sinergia é unidade
5. Não há vitória sem sinergia

355 - O LÍDER QUE SE DESENVOLVE (Lucas 2: 40)

1. Ele não aceita a mentalidade do "já sei"
2. Ele não se confia em elogios "ele nunca deixa de fazer o dever de casa".
3. Tudo muda desenvolver-se é uma obrigação
4. Ele sempre está de olho no comportamento o humano e tira lições disso
5. Ele luta contra si mesmo para poder crescer

356 - O LÍDER QUE SE DEFERÊNCIA (1 Samuel 17:32)

1. Ele luta pelos seus anseios
2. Ele é diferente no que faz
3. Inspiram os outros
4. Ele paga o preço da missão
5. Ele deixa um legado que não se apaga

357 - O LÍDER E O SEU ENTUSIASMO (2 Coríntios 8:17)

1. Entusiasmo é gerado no acreditar
2. Entusiasmo destrói ambientes negativos
3. Entusiasmo motiva pessoas
4. Entusiasmo gera excelência
5. Entusiasmo é contagiante

358 - O LÍDER QUE NÃO SE PREPARA (2 Coríntios 9:4)

1. O líder medíocre não se prepara
2. Ele acha que o que já sabe é suficiente
3. Ele tem preguiça de pagar o preço de estudar
4. Ele não tem foco por isso ele não faz o que tem que ser feito
5 Ele não impressiona, ele faz o que todo mundo faz

359 - O LÍDER NA ESTRADA DA VITÓRIA (1 Samuel 14:10)

1. Prepara-se todos os dias para vencer
2. Contemple, medite, ouça e estude tudo o que está ao seu redor
3. Viva as suas conclusões
4. Não faça só o suficiente, faça o que tem que ser feito para mudar a sua vida
5. Nem tudo é sorte, milagre ou destino, mas trabalho duro

360 - O LÍDER E A SUCESSÃO (Josué 1:1-2)

1. Tem um sucessor é um grande desafio, mas é marca registrada de uma liderança de sucesso
2. Escolha pessoas comprometidas com a sua visão para darem continuidade no trabalho desenvolvido
3. Sempre escolha pessoas melhores do que você para sua sucessão
4. Escolha mentes, corações e almas que se comprometam em repassar suas convicções
5. Escolha aqueles que amam liderar e que vivem dos valores que a liderança exige

361 - O LÍDER EXPONENCIAL (Atos 2.41)

1. Ele impacta de forma avassaladora quebrando antigos conceitos
2. Ele trabalha interagindo com todos
3. Ele não busca poder e cargos, mas influência e resultados
4. Ele incentiva a criatividade dos seus liderados
5. Ele é consciente do que quer e sabe como chegar lá

362 - O LÍDER NÃO PODE LIDERAR COMO ANTES (Mateus 16: 27)

1. Isso acontece porque o mundo e as pessoas mudam o tempo todo
2. Quem lidera sem atualizações se desconecta das pessoas
3. As pessoas querem ser lideradas com significado
4. Liderar é andar sobre águas desconhecidas e pessoas inconstantes
5. Quem lidera sem atualização, não terá resultados favoráveis

363 - O LÍDER E O FOCO DA EQUIPE (Mateus 11:1)

1. O líder deve estar atento para que a equipe evite andar por caminhos que não agregam sentido a missão
2. Diariamente cheque o desempenho da equipe
3. Enfatize sempre a importância da equipe para a missão que estão desenvolvendo
4. Trate das ervas daninhas que atrapalham o foco da equipe
5. Sempre faça uma autoanálise geral com a equipe

364 - O LÍDER E O SEU COTIDIANO (João 5:17)

1. Trabalhe duro
2. Tenha honestidade
3. Supere o sistema que tentar lhe impedir de avançar
4. Desenvolva-se todos os dias
5. Se adapte e tenha cuidado para não perder o foco

365 - O LÍDER E O MODELO DE LIDERANÇA (2 Tessalonicenses 3:9)

1. O exemplo faz o que palavras não fazem
2. Não peça para os outros viverem aquilo que você não acredita
3. Seja um modelo de virtude
4. Seja um modelo de fé
5. Seja um modelo de trabalho

366 - O LÍDER E AS FASES DA MUDANÇA (Atos 6:14)

1. O estado da inconsciência - Você não sabe o que precisa mudar
2. O estado da consciência - Você sabe que tem que mudar
3. O estado do dilema - Qual o caminho melhor para mudança?
4. O estado da maturidade - Decide melhorar todos os dias

5. Que possamos ser impactados pelas mudanças que nos farão grandes líderes

367 - O LÍDER E O ABALO DAS MUDANÇAS (Atos 6:14)

1. A euforia - tudo vai dar certo
2. A frustração - não era como eu esperava
3. A depressão - a mudança exige muito de mim
4. O questionamento - será que eu fiz a decisão certa?
5. A normalidade - vive os frutos do esforço, perseverança e paciência

368 - O LÍDER E AS LIMPEZAS NECESSÁRIAS (João 3:25)

1. O líder precisa saber limpar sua vida emocional daquilo que lhe prejudica
2. O líder precisa saber limpar seu coração da falta de espiritualidade
3. O líder precisa saber limpar sua mente da culpa por erros cometidos
4. O líder precisa se limpar de tudo aquilo que lhe causa desânimo
5. O líder precisa limpar tudo aquilo que está desorganizado e sujo na sua vida

369 - O LÍDER E AS AMIZADES DESTRUTIVAS (Provérbios 12:26)

1. Eles o afastam do foco
2. Eles não acrescentam valor
3. Eles alimentam sua incredulidade
4. Eles dão prejuízos emocionais e espirituais
5. Eles não te horam, o interesse deles é sugar

370 - O LÍDER SEM ÉTICA (Provérbios 6:12)

1. Eles não cumprem acordos
2. Eles não são moralmente coerentes
3. Eles não possuem fidelidade com ninguém
4. Eles passam por cima de tudo e de todos por causa de dinheiro
5. Eles mentem, são falsos, enganadores, puxa-saco e são manipuladores

371 - O LÍDER DESMOTIVADOR (Números 32:9)

1. Ele é um líder que não tem qualidade no que faz
2. Ele não é específico no que quer e tem uma comunicação negativa
3. Ele não passa segurança e confiança
4. Ele vem comprometendo a causa por não motivar
5. Ele exige de você o que ele não faz

372 - O LÍDER NÃO ACEITA A DERROTA (Jeremias 37:10)

1. Ele identifica os seus erros e falhas, para não sofrer com derrotas causadas por sua falta de autoavaliação
2. Ele não negocia unidade e reavalia a visão

3. Ele busca diversificar as habilidades na sua equipe
4. Ele é dedicado ao crescimento do seu potencial juntamente com sua equipe
5. Ele não desiste dos sonhos, faz adaptações e não se dá por derrotado

373 - O LÍDER ALIMENTA EMOÇÕES (Juízes 2:4)

1. O líder sabe alimentar emoções na liderança
2. Se o líder alimenta coragem, coragem terá na liderança e etc.
3. Se o líder alimenta desmotivação, desmotivado ficará a liderança e etc.
4. O líder sempre precisará está avaliando as suas emoções, pois ele é influência
5. Devemos ter cuidado com as emoções, pois elas influenciam nossas decisões

374 - O LÍDER E AS CARACTERÍSTICAS DESTRUTIVAS (Provérbios 24:20)

1. Não permita que sua timidez o destrua
2. Não permita que sua ira o destrua
3. Não permita que sua inflexibilidade o destrua
4. Não permita que sua displicência o destrua
5. Não permita que a falta de caráter o destrua

375 - O LÍDER E A VISÃO DOS PROBLEMAS (Salmos 40:12)

1. Muitos só sabem enaltecer problemas pequenos
2. Líderes de verdade fazem dos problemas motivação para vencer
3. Algumas pessoas usam a desculpa dos problemas para justificar sua falta de iniciativa vencedora
4. Os problemas são o ganha-pão de líderes que sabem consertar as coisas
5. Líderes não podem deixar que os problemas o impeçam de avançar

376 - O LÍDER E OS BENEFÍCIOS DE SERVIR (1 Timóteo 3:13)

1. A verdadeira liderança é servidora
2. Quem lidera servindo desenvolve saúde mental
3. Quem lidera servindo desenvolve saúde emocional
4. Quem lidera servindo cultiva amor
5. Quem lidera servindo ajuda a si mesmo

377 - O LÍDER SE CONECTA (Amós 3:3)

1. Líderes não perdem a oportunidade de construir relacionamentos
2. Líderes devem se conectar - vença qualquer timidez
3. Educação e ousadia equilibrada gera um conteúdo de sua comunicação agradável
4. Comunique-se no ato de servir
5. O quanto você tem se esforçado para se comunicar bem com as pessoas

378 - O LÍDER QUE NÃO SE REBAIXA (Mateus 4: 8-11)

01. Ele não se rebaixa para pecado
02. Ele não se rebaixa para procrastinação
03. Ele não se rebaixa para a falta de excelência
04. Ele não se rebaixa para a falta de humildade
05. Ele não se rebaixa para a falta de ingratidão

379 - O LÍDER E AS PRIORIDADES (Jó 34:4)

1. O líder deve priorizar sua família
2. O líder deve priorizar crescimento pessoal
3. O líder deve priorizar manutenção na sua saúde
4. O líder deve priorizar tempo para o lazer
5. O líder deve priorizar vida diária com Deus

380 - O LÍDER DEVE VALORIZAR PROCESSOS (Eclesiastes 3:1)

1. Todo o desenvolvimento pessoal passa por um processo
2. Valorizamos processos?
3. Todo o processo tem um preço
4. Nem todo processo é bem-sucedido, mas não podemos desistir
5. A Cada processo vencido, novos processos deverão ser assumidos

381 - O LÍDER NEGLIGENTE (Provérbios 18:9)

1. Muitas pessoas levam a negligência como estilo de vida
2. Negligência é fruto de uma vida sem objetivos claros
3. Pessoas negligentes não assume a postura que devem tomar diante das responsabilidades
4. Sempre negligenciamos o que não é importante para nós
5. Cedo ou tarde pessoas negligentes pagam um alto preço pela sua postura

382 - O LÍDER QUE GERECIA PENSAMENTOS (Provérbios 12:5)

1. Você é o que pensa
2. O que você colhe na vida é resultado na maioria das vezes é fruto de seus pensamentos
3. Líderes devem refletir sobre o que pensam
4. Alimente sua mente de bons pensamentos
5. Organize materiais importantes para alimentar seus pensamentos

383 - O LÍDER MOTIVACIONAL (Atos 4:36)

1. Ele possui uma mensagem de motivação
2. Ele ouve pessoas para motivar
3. Ele toma atitudes motivadoras

4. Ele ajuda pessoas para motivá-las
5. Seja alguém conhecido pela capacidade de motivar

384 - O LÍDER E AS PESSOAS QUE O DECEPCIONAM (2 Coríntios 7:14)

1. Pessoas não são perfeitas e cedo ou tarde elas irão decepcionar
2. Na decepção avalie as pessoas pelas suas qualidades e não somente pelo seu erro
3. Na decepção corrija o erro e trate as pessoas com humanidade
4. Não seja intolerante com as atitudes de decepção das pessoas
5. Pessoas que vivem decepcionando geralmente são desonestas - Elas devem ser afastadas de cargos importantes

385 - O LÍDER E O FRACASSO INTERNO (Salmos 13:4)

1. O fracasso interno acontece pelo desânimo
2. O fracasso interno acontece pela falta de automotivação
3. O fracasso interno acontece pela falta de propósito
4. O fracasso interno acontece pela falta de atitudes e pensamentos positivos
5. O fracasso interno acontece por que a própria pessoa não acredita no seu potencial

386 - O LÍDER E O PODER DA COMUNICAÇÃO (Mateus 23:1)

1. Comunique-se com conteúdo
2. Comunique-se com clareza
3. Comunique-se com paixão
4. Comunique-se com educação
5. Comunique-se incentivando e inspirando

387 - O LÍDER E A LIBERDADE (1 Coríntios 8:9)

1. Quanto mais liderança reconhecida você tem, menos liberdade há
2. Quanto mais liderança mais responsabilidade com seu testemunho pessoal
3. Quanto mais liderança mais preocupações e tribulações
4. Quanto mais liderança mais prestação de contas
5. Quanto mais liderança mais cuidado você terá que ter com as intenções do coração, decisões e as emoções.

388 - O LÍDER E A INFLUÊNCIA CONQUISTADA (Jeremias 26:24)

1. Influência é fruto de habilidades testadas
2. Influência é fruto de quem vai além da posição
3. Influência é fruto de um caráter aprovado
4. Influência é fruto de uma comunicação atraente
5. Influência é fruto de uma verdadeira liderança

389 - O LÍDER E A POSIÇÃO (Salmos 3:6)

1. A posição não é uma oportunidade para explorar pessoas
2. A posição não pode te fazer soberbo entre as pessoas
3. A posição não pode diminuir seu relacionamento com as pessoas
4. A posição não pode diminuir a sua influência entre as pessoas
5. A posição é uma oportunidade para liderar

390 - O LÍDER TORNA-SE LÍDER (Mateus 2:6)

1. Todos nascem para liderar, mas poucos assumem e desenvolvem essa habilidade.
2. Alguns têm mais facilidade para desenvolver sua liderança. Mas todos podem desenvolver suas habilidades em liderança
3. Liderança é um processo que deve ser treinando e estudando
4. A liderança de hoje não será a mesma de amanhã por isso precisamos estar atentos aos novos caminhos que a liderança exige
5. Seja um líder antes de ter a oportunidade de praticá-lo de verdade

391 - O LÍDER KAMIKAZE (1 Crônicas 19:17)

1. Liderar é apostar o que você tem
2. Você é o primeiro que tem que acreditar na sua liderança
3. Não economize talento
4. Tudo depende de esforço e trabalho
5. Coragem para enfrentar os desafios da liderança é fundamental

392 - O LÍDER DEVE SUPERAR O PASSADO

1. Líderes devem superar experiências negativas
2. Tragédias são inevitáveis - aprenda o que tem que ser aprendido e supere
3. O passado não pode dominar o seu presente
4. Pessoas não vão esquecer o seu passado, conviva com isso e seja feliz
5. Boa liderança é a prova de que você superou o passado

393 - O LÍDER COLABORA (1 Samuel 14:7)

1. Colabore compartilhando informações
2. Colabore com o seu talento
3. Colabore dando ideias e soluções
4. Colabore sendo disponível
5. Colabore com esforço

394 - O LÍDER X SUCESSO (Provérbios 21:4)

1. O sucesso pode destruir ou elevar pessoas dependendo do caráter
2. O sucesso pode te fazer nobre ou arrogante
3. O sucesso pode te afastar de Deus ou te fazer mais dependente d'Ele

4. O sucesso é o resultado de anos de trabalho
5. O sucesso não tem o poder de te levar para o inferno, mas ela abre portas para quem não tem caráter.

395 - O LÍDER E AS ESCOLHAS CERTAS (Jó 34:4)

1. A vida pode não ser justa, mas você escolhe como vai reagir a ela
2. Suas escolhas moldam sua caminhada
3. No início da vida você não tem escolhas, mas depois você não poderá fugir delas
4. Liderar é viver de escolhas
5. Decida fazer as melhores escolhas

396 - O LÍDER E AS HABILIDADES (2 Crônicas 2:13)

01. Lideramos com habilidades diferentes
02. Todos possuem habilidades úteis para liderança
03. Devemos reconhecer nossas habilidades
04. Não despreze sua habilidade todas são importantes no reino de Deus
05. Lidere desenvolvendo ainda mais suas habilidades

397 - O LÍDER E OS NÍVEIS DO APRENDIZADO (Jeremias 12:16)

1. Eu faço e ele olha
2. Eu faço e ele me ajuda
3. Ele faz e eu ajudo
4. Ele faz sozinho e eu confio
5. Ele faz e eu mentoreio

398 - O LÍDER E O FOCO (Hebreus 10:38)

1. Foco se conquista tendo prioridade
2. Foco se conquista com concentração
3. Foco se conquista com disposição
4. Foco você conquista com bons pensamentos
5. Foco se conquista acreditando no que se faz

399 - O LÍDER E O APRENDIZADO COM O FRACASSO (Romanos 11:12)

1. Não se tem sucesso em tudo
2. O fracasso pode ser um professor
3. O fracasso não é nem fatal ou um ponto final na vida daquele que mantém atitudes corretas
4. Uns aprendem com fracasso outros não
5. O fracasso é uma experiência do qual podemos extrair o melhor que ela pode fazer

400 - O LÍDER E O PODER DO RECONHECIMENTO (Mateus 17:12)

1. Todos os liderados merecem seu reconhecimento
2. O verdadeiro líder reconhece e aceita o valor e seus liderados
3. Soberba, orgulho e vaidade impedem o líder de dar o devido valor e reconhecimento aos liderados
4. Liderados precisam de líderes que reconheçam seus valores
5. Negue reconhecimento e seja odiado

401 - O LÍDER E A AÇÃO DO PENSAMENTO (Provérbios 12:5)

1. O pensamento tem poder sobre nós
2. Somos resultado do que pensamos
3. Quem controla o que você pensa pode controlar sua vida
4. O que você sente mexe com o que você pensa, saiba alimentar sentimentos bons para controlar seus pensamentos
5. Lidere com bons pensamentos

402 - O LÍDER E O PRINCÍPIO 20/80 (Mateus 22:14)

1. Em uma equipe geralmente apenas 20% são os mais produtivos
2. Se você é o líder cabeça passe 80% do seu tempo desenvolvendo a equipe que produz
3. Os mais produtivos liderados também devem passar 80% do seu tempo treinando os outros
4. Treinar quem já é produtivo irá gerar mais produtividade
5. Uma liderança onde todos são treinados, bons resultados serão inevitáveis

403 - O LÍDER DE ATITUDES BOAS (1 Coríntios 3:8)

1. Bons pensamentos, boas atitudes
2. Boas crenças boas, atitudes
3. Boas influências, boas atitudes
4. Boas leituras, boas atitudes
5. Bons valores, boas atitudes

404 - O LÍDER QUE VENCE PELA VISÃO (Provérbios 11:14)

1. A visão que temos da vida determina nossos caminhos
2. Tenha sempre uma visão otimista
3. Tenha a visão da gratidão
4. Toda a visão necessita de alguém de atitude
5. Sempre esteja reavaliando sua visão

405 - O LÍDER E O PRECONCEITO (1 Timóteo 5:21)

1. Pessoas de valores diferentes cerca a realidade do líder
2. O preconceituoso fere os outros por causa dos seus valores baixos
3. Independente dos seus valores o líder cristão deve ter amor para com todos
4. Líderes preconceituosos causam feridas
5. Nossos valores devem respeitar o direito das pessoas de serem diferentes nós, mas podemos influenciar com habilidade.

406 - O LÍDER E O TEMPO DAS PALAVRAS (Eclesiastes 3:7)

1. Palavras usadas no tempo certo são poderosas
2. Palavras ditas no tempo errado também são poderosas
3. Identifique o tempo certo de dizer as coisas
4. Palavras mudam realidades
5. Seja atento as palavras que você diz

407 - O LÍDER E O FOCO NO OUVIR (Números 9:8)

1. Ouvir é um desafio
2. Quem sabe ouvir é influenciador e poucos se atentam para isso
3. Quem fala sem parar e não ouve não aprende nada
4. Ouvir atentamente gera ideias
5. Quem ouve entende melhor as coisas ao seu redor

408 - O LÍDER E O VALOR DO TEMPO (Eclesiastes 9:12)

1. O tempo tem seu valor
2. Quem não se valoriza, não valorizará o seu tempo
3. Há líderes que gosta de gastar tempo com o que não tem valor
4. O líder deve ter o seu momento para: auto crescimento, trabalho e família
5. Como você lida com o tempo fala do seu sucesso

409 - O LÍDER DE EQUIPE (1 Samuel 7:6)

1. Ele entende que o sucesso é fruto de uma equipe bem capacitada
2. Ninguém vence sozinho
3. Um líder sem equipe não é um líder
4. O líder tem que saber levantar, treinar e valorizar sua equipe
5. Egoístas, arrogantes e individualistas dificilmente conseguem ter uma equipe eficiente

410 - O LÍDER E OS OBJETIVOS (2 Timóteo 2:4)

1. A motivação dos líderes está nos seus objetivos
2. Não podemos viver sem objetivos
3. Não tenha objetivos sem antes ter pensado e meditado neles

4. Em sua caminhada de vida sempre reviva e avalie seus objetivos

5. Só se move quem tem objetivos

411 - O LÍDER E O OLHA PARA DENTRO (Provérbios 19:2)

1. Olhe para dentro de você e diga: Quem você é?

2. Olhe para dentro de você e diga: Quais são os seus objetivos?

3. Olhe para dentro de você e diga: Você ama o que faz?

4. Olhe para dentro de você e diga: Você vive a liderança que você quer ter?

5. Olhe para dentro de você e diga: Você faz o que fala?

412 - O LÍDER E O QUADRO GERAL (Êxodo 16:10)

1. Um líder deve ver o quadro geral de tudo para avaliar seus resultados

2. A visão geral captura tudo o que está acontecendo para tomar atitudes

3. O potencial de um líder também está no potencial de enxergar além dos problemas

4. Pare de olhar para o seu umbigo

5. Enxergar o quadro geral é uma habilidade que deve ser desenvolvida todos os dias

413 - O LÍDER E A SOLUÇÃO (Daniel 5:12)

1. O líder deve ser um solucionador de problemas

2. Revelar os problemas é fácil solucionar é o que faz a diferença no líder

3. Problemas testam a sua liderança

4. Problemas ferem, limitam, separam, dificultam relacionamentos e etc. Mas líderes não se impressionam com elas

5. O sucesso de um líder está em solucionar os desafios que o cercam

414 - O LÍDER E AS PESSOAS INTÌMAS (Salmos 55:13)

1. As pessoas do nosso círculo íntimo falam de quem somos

2. As pessoas do seu círculo lhe levantam ou lhe empurram para baixo?

3. Eles são realistas com você ou lhe iludem com mentiras para agradá-lo?

4. As conexões fazem diferença na vida, saiba escolher as melhores para você.

5. Você também é fruto das pessoas que lhe influenciam

415 - O LÍDER QUE SE FORTALECE (Eclesiastes 3:6)

1. Tirar um tempo para você mesmo lhe fortalece

2. Tirar um tempo com sua família lhe fortalece

3. Tirar um tempo com seus estudos lhe fortalece

4. Tirar um tempo com seus mentores lhe fortalece

5. Tirar um tempo com Deus lhe fortalece

416 - O LÍDER E OS SEUS INSTINTOS (Marcos 14:33)

1. Sempre é bom está atento aos instintos
2. Deus sempre fala por meio de nossos instintos por isso devemos ter mentes e ouvidos atentos.
3. Tem coisas que um líder não pode afirmar só sentir
4. Ouça tudo com o devido discernimento
5. Respeite o que você sente. Mas tenha sabedoria e cuidado

417 - O LÍDER PAGA O PREÇO (Juízes 1:5)

1. Pague agora e desfrute depois
2. Tudo na vida tem um preço, queremos pagar?
3. Na vida uns pagam mais caro outros pagam menos, nem tudo é justo
4. Quem reclama do que tem que pagar nunca alcançará o que deseja
5. No erro ou na negligência o líder paga dobrado

418 - O LÍDER ATRAI LÍDERES (João 12:32)

1. Por causa do seu crescimento pessoal
2. Por causa de sua capacidade de articulação
3. Por causa de sua capacidade de gerenciamento de pessoas
4. Por causa do seu diferencial
5. Por causa de sua capacidade de desenvolver discípulos

419 - O LÍDER E A AUTODEPRECIAÇÃO (Isaías 35:4)

1. Tenha bons pensamentos sobre você mesmo
2. Não seja demasiadamente sério. Ria um pouco de você
3. Seja realista quanto a você, mas não se deprecie
4. O vitimismo não te faz uma pessoa melhor
5. Aprenda a acreditar na sua capacidade

420 - O LÍDER FAZ PERGUNTAS (Mateus 9:14)

1. Faça perguntas e não se intimide
2. As perguntas te levam a uma solução
3. As perguntas te levam a pensar diferente
4. As perguntas te desafiam a encontrar respostas
5. As perguntas te dão uma nova visão

421 - O LÍDER E OS BONS CONSELHOS (Provérbios 20:18)

1. Bons conselhos nos iluminam
2. Bons conselhos nos dão direção
3. Bons conselhos nos confrontam
4. Bons conselhos nos dão uma nova visão de realidade

5. Bons conselhos precisam de ouvidos abertos

422 - O LÍDER E SEUS PONTOS FORTES (Provérbios 22:29)

1. Eles devem ser desenvolvidos
2. Aceite o fato de que você não pode ser bom em todos os dons
3. Faça o seu melhor no que você é bom
4. Descubra o quanto antes o seu ponto forte e foque nele
5. Viver fora do seu ponto forte e perca de tempo e de energia

423 - O LÍDER QUE AGREGA VALOR (Isaías 41:6)

1. Ele fala algo de valor
2. Ele alegra sua vida
3. Ele lhe questiona com amor
4. Ele colabora com sua missão
5. Ele te aproxima de Deus

424 - O LÍDER BEM-SUCEDIDO (Salmos 1:3)

1. Ele tem uma missão a cumprir e não desiste
2. Ele não está contaminado com maus sentimentos
3. Ele desenvolve-se diariamente para viver sua missão
4. Ele trabalha duro e com honestidade
5. Ele vence pela paciência

425 - O LÍDER E A RESPONSABILIDADE (1 Coríntios 9:17)

1. Não podemos liderar sem o entendimento da responsabilidade
2. Responsabilidade deve fazer parte do caráter do líder
3. Responsabilidade fortalece o talento
4. Responsabilidade abre portas
5. Responsabilidade lhe dá credibilidade

426 - O LÍDER E O AGORA (Josué 1:2)

1. Faça hoje o que tem que ser feito
2. Faça hoje o tempo valer a pena
3. Faça hoje suas avaliações
4. Faça hoje o seu desenvolvimento pessoal
5. Faça hoje tudo que a preguiça o tentar impedir de fazer

427 - O LÍDER E O PREPARO (Êxodo 34:2)

1. A preparação livra o líder de surpresas
2. A preparação lhe dará a oportunidade que lhe ajudará a conquistar a vitória
3. A preparação lhe fará ser honrado

4. A preparação gera recursos
5. A preparação lhe fará andar na frente de outros

428 - O LÍDER E SUA PAIXÃO (Neemias 4:6)

1. Liderar é paixão
2. A paixão libera a criatividade
3. A paixão garante uma energia a mais
4. A paixão contamina os outros
5. A paixão maximiza o talento e a criatividade

429 - O LÍDER E O SENTIDO DOS PROBLEMAS (Efésios 5:17)

1. Não há como fugir dos problemas, eles fazem parte da liderança
2. São os problemas que geram grandes líderes
3. Os problemas te fazem um grande líder ou um líder medíocre
4. Os problemas geram criatividade, força e fé
5. Um dos sentidos da liderança encontra-se em resolver os problemas

430 - O LÍDER QUE AVANÇA (2 Samuel 2:15)

1. Ele vence os problemas
2. Ele supera as decepções, frustrações e fracassos
3. Ele nunca deixa de aprender
4. Ele possui um excelente otimismo
5. Ele é estratégico, ousado e tem atitude

431 - O LÍDER UM TREINADOR (Juízes 3:2)

1. Ele faz do treinamento de pessoas sua meta de vida
2. Ele precisa ter conteúdo para treinar
3. Ele precisa ser um mentor
4. Ele deve ser paciente e nunca deve desistir das pessoas
5. Ele precisa ser modelo a ser imitado

432 - O LÍDER DESENVOLVE CORAGEM NOS OUTROS (Gênesis 49:20)

1. O medo é limitador
2. A coragem pode ser desenvolvida pelo líder na consciência do liderado por meio de conselho, incentivo e objetivo
3. Enfrentar o medo sempre será uma decisão pessoal, mas que pode ser vencida pela influência de um bom líder ao lado
4. A coragem vem de dentro. Uma visão a ser implantada pelo líder
5. Só a coragem muda realidades

433 - O LÍDER SABE QUE DEUS ESTÁ VENDO (Jó 36:7)

01. Deus está vendo todo esforço
02. Deus está vendo sua honestidade
03. Deus está vendo seu crescimento pessoal
04. Deus está vendo sua humildade
05. Deus está vendo o seu amor por aquilo que você faz

434 - O LÍDER E AS IDEIAS (Provérbios 12:5)

1. Líderes deve sempre procurar as ideias
2. As ideias estão em todos os lugares
3. Anote ideias
4. Ouvir mais lhe garante grandes ideias
5. Valorize as ideias, elas atraem a prosperidade

435 - O LÍDER E A MALDIÇÃO DA PROCRASTINAÇÃO (Provérbios 19:15)

1. Procrastinar faz os problemas aumentarem
2. Procrastinar limita talentos
3. Procrastinar impede o desenvolvimento pessoal
4. Procrastinar é o caminho para viver fracassando
5. Procrastinar é o comodismo disfarçado de cautela

436 - O LÍDER E OS SEUS DEFEITOS (Jó 4:18)

1. O líder deve ser consciente dos seus defeitos
2. Devemos ser humildes diante de nossos defeitos
3. Devemos colocar nossos defeitos sobre rédeas curtas
4. Ouvir as pessoas sobre quem somos é importante para identificar defeitos
5. Seja misericordioso com os defeitos dos outros, para que a misericórdia também lhe alcance e em seus efeitos

437 - O LÍDER E A TRISTEZA PELO FRACASSO (2 Reis 3:26)

1. Ninguém gosta de fracassar
2. Ficar deprimido é uma consequência do fracasso
3. Aceitar a realidade do fracasso é importante, mas permanecer fracassado é outra história
4. Seu fracasso será motivo de comentários e ridicularizarão, mas seja alguém que decidiu ficar acima desta realidade
5. Todo o fracasso é um desafio à superação

438 - O LÍDER E A TOMADA DE DECISÕES (Provérbios 16:10)

1. O líder vive de decisões
2. A tomada de decisões depende de uma visão clara

3. A tomada de decisões requer sabedoria
4. A tomada de decisões requer coragem e compromisso
5. A tomada de decisão está passiva a possíveis erros não se torture por isso

439 - O LÍDER E O RESPEITO (2 Samuel 14:4)

1. O respeito deve conduzir a vida de um líder
2. Entender a importância do respeito é fundamental para o líder que lida com diferentes pessoas
3. A falta de respeito cria situações muito constrangedoras
4. A falta de respeito destrói a capacidade de influência do líder com as pessoas
5. O respeito gera no líder uma imagem digna e honrada

440 - O LÍDER QUE COMPARTILHA (Romanos 1:11)

1. Liderança está na parceria com outras pessoas
2. Você compartilha o que você tem de bom com outras pessoas?
3. Tenha uma mentalidade de abundância
4. Juntos somos mais fortes
5. Quem não compartilha que tem não se desafia a desenvolver coisas novas

441 - O LÍDER NEM SEMPRE ENCABEÇA (Neemias 4:22)

1. Você pode ser um líder sem estar liderando de cabeça
2. Quem tem liderança faz a diferença em qualquer posição
3. A liderança está dentro de você e não no cargo que você exerce!
4. Líderes se adaptam na finalidade de conquistar o melhor
5. Um líder de verdade é responsável por qualquer posição que lhe colocarem

442 - O LÍDER E O PODER DO COMPROMISSO (1 Pedro 3:21)

1. Liderar é assumir compromisso
2. O compromisso é o que não lhe faz desistir
3. O compromisso lhe desafia a mudar para melhor
4. O compromisso contribui na busca de melhores valores
5. Líderes compromissados com o que é certo sempre vão mais longe

443 - O LÍDER E O VALOR DO NOME (Tiago 2:7)

1. Sua atitude gera valor ao seu nome
2. Seus valores pessoais geram credibilidade ao seu nome
3. Seu trato com as pessoas geram admiração ao seu nome
4. Sua espiritualidade gera respeito ao seu nome
5. Sua honestidade gera respeito ao seu nome

444 - O LÍDER APRENDE O CAMINHO DA RECUPERAÇÃO (Isaías 11:11)

1. Ele sabe que na vida tudo pode acontecer
2. Ele sabe que o fracasso não é o fim
3. Ele sabe que atitudes mudam realidade
4. Ele sabe que a cabeça no lugar é a maior estratégia para superação
5. Ele sabe que persistir no que é correto é fonte de vitória e superação

445 - O LÍDER ENCORAJA SONHOS (Gênesis 49:20)

1. Encorajar sonhos nos faz amigo das pessoas
2. Encorajar sonhos nos revela a bondade de nossos corações
3. Encorajar sonhos determina o caminho das pessoas na vida
4. Encorajar sonhos é acreditar que nem tudo é um absurdo
5. Encorajar sonhos faz as pessoas felizes

446 - O LÍDER E OS QUE RESISTEM AS MUDANÇAS (Salmos 102:26)

1. Mudar não é uma tarefa fácil
2. Mudar ainda é muito mais complexo para mentes fechadas
3. Mudar nos confronta
4. Mudar é necessário para o sucesso na liderança
5. Se a mudança está causando dor logo você está mudando

447 - O LÍDER DEVE DESENVOLVER QUE TIPO DE PESSOAS (Marcos 4:34)

1. Comprometidos com a visão adotada
2. Que seja Leal
3. Que seja dinâmico
4. Que seja disposto a multiplicar-se
5. Tenha coragem para dar resultados

448 - O LÍDER E A AVALIAÇÃO DA ROTINA (Lucas 21:37)

1. A rotina tem o seu valor, ela colabora com o avanço de nossa criatividade
2. A rotina só prejudica quando você não tira um tempo para quebrá-la
3. A quebra da rotina precisa ser feita pelos motivos certos
4. Saiba o tempo certo de quebrar a rotina
5. A rotina pode ser uma bênção ou uma maldição, mas isso vai depender de como você administra.

449 - O LÍDER E O NOME DAS PESSOAS (Gênesis 35:10)

1. Saber o nome das pessoas não é uma habilidade fácil
2. Saiba ao menos o nome das pessoas do seu núcleo de trabalho
3. Saber o nome da pessoa os valoriza

4. A pessoa que ouve seu nome se sente inserida
5. Despreze o nome das pessoas e perca a credibilidade

450 - O LÍDER DEVE FAZER A DIFERENÇA NO SEU DIA A DIA (Romanos 12:6)

1. Decida fazer suas obrigações diariamente
2. Decida viver de acordo com os valores de Cristo na sua liderança
3. Nunca desista de fazer a diferença
4. Ouça sempre um encorajamento ou exortação, isso o ajudara a fazer a diferença
5. Decida avaliar quem você foi ontem para fazer a diferença hoje

451 - O LÍDER TEM QUE TER EM MENTE (Filipenses 4:8)

1. Não crie limites para você mesmo, você pode ir mais além
2. Ação faz o líder não necessariamente à posição
3. O líder simplifica e jamais complica
4. Mude seu estilo e não seus valores
5. A sua comunicação lhe faz conquistar lugares maiores

452 - O LÍDER DEVE SABER A HORA CERTA DO SIM E DO NÃO (Mateus 5:37)

1. Todo o líder passa por momentos cruciais de decisão
2. A sabedoria deve estar incluída na hora de dizer sim ou não
3. Dizer sim geralmente é mais fácil do que dizer não
4. Não importa a impopularidade do momento de dizer sim ou não, o importante é fazer o que tem que ser feito
5. O líder precisa ter personalidade forte para assumir as consequências do seu sim ou não

453 - O LÍDER E A SAÚDE MENTAL (Daniel 7:28)

1. Liderar ocupa boa parte do nosso tempo pensando e isto afeta a nossa saúde
2. Mente saudável liderança produtiva
3. Tempo para relaxar ajuda aliviar sua mente da pressão, do estresse e ansiedade
4. Seja educado, amável e gentil com todos. Viver em conflito com pessoas não faz bem para sua saúde mental
5. Tenha uma vida e uma rotina organizada, a bagunça não faz bem para saúde mental

454 - O LÍDER TÓXICO (Provérbios 24:1)

1. Ele tem uma liderança que causa dor psicológica
2. Ele tem uma liderança que desmotiva
3. Ele tem uma liderança que separa as pessoas
4. Ele tem uma liderança que não gera propósitos sólidos e coerentes

5. Ele tem uma liderança que limita a criatividade de quem é criativo

455 - O LÍDER INCOMPREENDIDO (João 8:27)

1. Ele pode estar falhando na sua comunicação
2. Ele pode estar falhando na sua capacidade de relacionamento
3. Ele pode estar falhando na sua capacidade de ouvir e ser humilde
4. Ele pode estar falhando na sua capacidade de liderar e ser liderado
5. Ele pode estar falhando na sua capacidade esperar o tempo certo de tudo

456 - O LÍDER INSEGURO (Provérbio 5:23)

1. Ele sempre se sente ameaçado pela liderança dos outros
2. Ele não sabe conduzir quem é mais talentoso do que ele
3. Ele não sabe captar e aceitar novas ideias
4. Ele tem a necessidade de impor sua autoridade
5. A sua insegurança o faz falso, ciumento e não confiável

457 - O LÍDER E OS SEUS FRUTOS (Gálatas 6:8)

1. Resultados não são um mero acaso, liderar é trabalho duro
2. Cuidado com a sua personalidade ela pode atrapalhar sua liderança e os frutos
3. Os resultados também são consequências de sua capacidade de inspirar as pessoas
4. Resultados também são frutos de sua comunicação
5. Liderar a si mesmo lhe auxiliara a conduzir o que você tem que liderar, e isso irá gerar frutos

458 - O LÍDER E OS QUE NÃO SÃO AMIGOS (Salmos 144:11)

1. Afaste-se de quem não lhe incentiva
2. Aproxime-se de pessoas realistas que não possuam a intenção de matar seus sonhos
3. Busque amigos que tenham os seus mesmos valores e aprenda com os diferentes
4. Liderar é uma grande responsabilidade para estar ao lado de pessoas que não nos motivam
5. Amigos que realmente fazem diferença nos influenciam para uma liderança melhor

459 - O LÍDER TEM QUE TER UM TIME (Juízes 20:11)

1. Um time que aceita sacrifícios
2. Um time que vive na visão
3. Um time que cresce junto
4. Um time que fortalece um ao outro
5. Um time que dá credibilidade um ao outro

460 - O LÍDER SEGURO (Provérbios 3:23)

1. É seguro porque sabe qual é a sua missão e visão
2. É seguro porque sabe qual é o seu valor e potencial
3. É seguro porque sabe liderar em meio aos sacrifícios
4. É seguro e por isso não se abala com críticas e perseguições
5. É seguro porque possui fé em Deus

461 - O LÍDER E OS DETALHES (1 Crônicas 29:30)

1. Ele faz da observação uma característica de sua vida
2. Ele observa com justiça o que está a sua volta
3. Ele não negligencia fiscalizar
4. Ele observa às novidades e atualizações do momento
5. Ele sempre está atento há prejuízos e desafios que vêm de todas as partes

462 - O LÍDER INTENCIONAL (João 6:6)

1. O líder intencional já tem um propósito adotado
2. O líder desafia as pessoas aos sonhos e propósitos de sua liderança
3. O líder intencional deve ser corajoso
4. O líder intencional trabalhar em prol da visão que está em seu coração
5. O líder intencional não faz nada por acaso

463 - O LÍDER ALTRUÍSTA (Provérbios 11:17)

1. O líder altruísta tem o ser humano como prioridade
2. O líder altruísta não se importa muito com os créditos
3. O líder altruísta doa-se de verdade em sua equipe
4. O líder altruísta não vive gabando-se de suas conquistas
5. O líder altruísta sempre faz coisas boas para alguém que não pode retribui-lo

464 - O LÍDER E A LEALDADE (Provérbios 21:21)

1. Líderes devem procurar liderados leais
2. A deslealdade quebra relacionamentos e atrapalha a liderança
3. Liderados desleais podem ser fruto de líderes abusivos
4. A deslealdade pode ser também fruto de um caráter doente
5. Líderes devem valorizar liderados leais

465 - O LÍDER QUE AJUDA (Marcos 9:22)

1. O líder que se nega a ajudar pessoas perde a oportunidade de ser influente
2. O líder que não ajuda perde a oportunidade de crescer como pessoa
3. O líder que não ajuda perde a oportunidade de fazer a diferença
4. Ajudar é mais uma questão de querer do que outra coisa
5. Liderar é ajudar de alguma forma

466 - O LÍDER QUE SE VALORIZA (1 Crônicas 11:10)

1. Ele se valoriza adquirindo conhecimento
2. Ele se valoriza adquirindo novas habilidades
3. Ele se valoriza adquirindo experiências
4. Ele se valoriza quando sabe filtrar o que ouve
5. Ele se valoriza quando sabe desenvolver outras pessoas

467 - O LÍDER E A VISÃO DA EQUIPE (1 Coríntios 1:10)

1. O líder deve aprender a transferir a visão para sua equipe
2. A equipe precisa se sentir parte da visão
3. Com visão a equipe produz mais
4. Sem visão todos se frustram – a visão move o coração
5. Uma equipe sem visão tornam-se guerreiros sem causa

468 - O LÍDER CATALIZADOR (2 Coríntios 9:2)

1. Ele estimula os liderados de diversas formas
2. Ele dinamiza as situações
3. Ele motiva mudanças benéficas
4. Ele gera nos liderados reflexões
5. Ele imprime influência em prol da visão

469 - O LÍDER E OS LIMITES DO TALENTO (Jó 34:4)

1. Você conhece os limites do seu talento?
2. Você tem trabalhado para superar os limites dentro do seu talento
3. Talento só será um enfeite se não for trabalhado
4. Talentos estão sendo destruídos pela preguiça de melhorar
5. O talento quando desenvolvido e praticado faz diferença no mundo

470 - O LÍDER E O SEU SIGNIFICADO (2 Timóteo 2:4)

1. Saiba o que você quer como líder (Isto é seu significado)
2. Ter significado lhe desafia a ter foco
3. Quem tem significado se cobra nos resultados
4. Ter significado desafia o homem na sua criatividade em busca de resultados
5. Ter um significado tira você da mediocridade

471 - O LÍDER EM QUALQUER POSIÇÃO DE LIDERANÇA (João 13:5)

1. Não ser o cabeça não diminui o seu potencial pessoal de ser líder
2. Quem assume ser líder o será em qualquer situação
3. Resultados falam de sua liderança em qualquer posição
4. Você só deixar de ser um líder de excelência quando para de aprender
5. Você nunca deixará de subir posições se você for um líder forte

472 - O LÍDER QUE DESENVOLVE LÍDERES (Salmos 32:8)

1. Desenvolver outros líderes valoriza seu chamado
2. Desenvolver outros líderes contribuiu para a visão que foi adotada
3. Desenvolver outros líderes é acreditar no chamado do liderado
4. Desenvolver outros líderes é não ter medo de investir na qualificação de liderados
5. Desenvolver outros líderes é extrair o melhor de si para os liderados

473 - O LÍDER E ALGUNS MITOS DA LIDERANÇA (Josué 14:11)

1. "Liderar um dom divino" - Mito
2. "Nem todos podem liderar" - Mito
3. "Lideranças são inquestionáveis" - Mito
4. "Liderar é seguir regras fixas"- Mito
5. "Você não decide liderar"- Mito

474 - O LÍDER COMO GESTOR (01) (Gênesis 41:40)

1. Ele administra conflitos com justiça e coerência
2. Ele motiva e incentiva sem ainda ver resultados
3. Ele define metas e ações
4. Ele sabe viver sob a pressão das competições
5. Ele sempre negocia a melhor maneira de botar em prática seus planos

475 - O LÍDER COMO GESTOR (02) (Gênesis 41:40)

1. Ele sabe ser assertivo no seu feedback
2. Ele influência o futuro das pessoas
3. Ele sabe lidar com o diferente
4. Ele desenvolve a qualidade da equipe
5. Ele sabe lidar de forma sabia com as resistências

476 - O LÍDER COMO GESTOR (03) (Gênesis 41:40)

1. Sabe lidar com mudanças
2. Sabe dispensar pessoas com assertividade
3. Sabe dividir situações pessoais das lutas que tem na sua liderança
4. Ele sempre está se especializando
5. Ele sabe recompensar seus liderados

477 - O LÍDER E A INTELIGÊNCIA EMOCIONAL (01) (Tiago 5:17)

1. O interno toca no externo - não se separa liderança do emocional
2. A maneira como você lida com suas emoções irá garantir vitória ou derrota
3. Quem tem seu emocional trabalhado transforma o negativo em vitória

4. Quem tem seu emocional trabalhado lida melhor com as pessoas malignas
5. Ele se alto motiva para um futuro melhor

478 - O LÍDER E A INTELIGÊNCIA EMOCIONAL (02) (Tiago 5:17)

1. Ter inteligência emocional ajuda no autocontrole
2. Ter inteligência emocional ajuda a vencer crenças destrutivas
3. Ter inteligência emocional ajuda a lidar com a emoção dos outros
4. Ter inteligência emocional ajudar a sentir a dor dos outros
5. Ter inteligência emocional ajuda na autoestima

479 - O LÍDER E A ARTE DE NEGOCIAR (01) (Mateus 25:16)

1. A arte de negociar está na simpatia
2. A arte de negociar está na capacidade de ouvir os outros
3. A arte de negociar está em avaliar as diversas situações
4. A arte de negociar está em fazer perguntas certas no tempo certo
5. A arte de negociar está na boa preparação dos argumentos

480 - O LÍDER E A ARTE DE NEGOCIAR (02) (Mateus 25:16)

1. A vida é cercada de negociações
2. Uma boa negociação tem que ser justa
3. Negociação se faz com boa informação
4. Não seja apressado nas suas negociações
5. Em negociação use analogias e sentimentos

481 - O LÍDER DE INICIATIVA, MAS SEM ESTRATÉGIA (Isaías 36:5)

1. Iniciativa é diferente de estratégia, mas um completa o outro
2. Ele tem iniciativa mais não cria estratégias – vai ao acaso
3. Ele tem iniciativa mais não sabe trabalhar a longo prazo
4. Ele tem iniciativa mais não tem sabedoria para lidar com pessoas e situações
5. Ele tem iniciativa mais não é focado no que realmente importa

482 - O LÍDER EM NEGOCIAÇÕES (2 Coríntios 9:4)

1. Ele não deve ir para uma negociação despreparado
2. Ele não deve acreditar que está na pior situação de negociação
3. Ele deve saber controlar o stress e a ansiedade
4. Ele deve ter cuidado com o ego
5. Ele deve usar palavras coerentes

483 - O LÍDER QUE CRESCE EM VALOR (1 Pedro 3:4)

1. Os liderados não dão resultados se o líder não cresce em valor
2. Marketing não substitui um líder de valor

3. O nível dos liderados é do tamanho do líder
4. Você é um líder que tem buscado valor?
5. A vida e os resultados na liderança giram em torno de seu valor

484 - O LÍDER INTEGRO (Josué 24:14)

1. Ele recusa a desonestidade
2. Suas convicções baseiam-se em valores altos
3. Ele não muda o seu foco para valorizar o que destrutivo
4. Ele preza pela sua pureza de mente e corpo
5. Ele sabe ter segurança para não se corromper

485 - O LÍDER QUE TODOS QUEREM (Tito 2:7-8)

1. Tem um coração de servo
2. Ele valoriza as pessoas
3. Tem integridade, respeito e sabe onde quer chegar
4. Motiva e não vive de aparências
5. Tem segurança e entendimento no que diz

486 - O LÍDER QUE SE PREJUDICA (Isaías 9:17)

1. Não domina seu ego
2. Não admite suas falhas
3. Ama ser bajulado e aprecia uma fofoca
4. Explora os outros e não trabalha em equipe
5. Não sabe controlar seus desejos sexuais

487 - O LÍDER E SUA PERFORMASSE (1 Crônicas 5:24)

1. Sua performance é fruto da sua motivação
2. Sua performance é fruto de viver se reinventando
3. Sua performance é fruto de atualizações e muito treino
4. Sua performance é fruto de um forte propósito
5. Sua performance é fruto de uma vida seria

488 - O LÍDER QUE SABE INDENTIFICAR SITUAÇÕES (Marcos 12:41)

1. Ele identifica empreendimentos e oportunidades
2. Ele identifica a verdadeira motivação das coisas
3. Ele identifica maneiras de implementar ações
4. Ele identifica maneiras de motivar a equipe
5. Ele identifica novas lideranças e seus encaixes

489 - O LÍDER ORGANIZADO (Marcos 6:39)

1. Ele organiza ideias
2. Ele organiza as tarefas e ações de sua liderança
3. Ele organiza o tempo
4. Ele organiza as finanças
5. Ele organiza seu crescimento pessoal e espiritual

490 - O LÍDER EFICAZ (Daniel 6:14)

1. Ele tem visão clara de sua realidade para agir
2. Tem atitudes certas para administrar a conquista do propósito
3. Ele gera uma liderança que dá resultados
4. Ele resolve o que tem que ser resolvido
5. Ele é fonte de conhecimento e inspiração para seus liderados

491 - O LÍDER ESCORADO (Eclesiastes 10:18)

1. Ele não lidera, ele quer que outros liderem
2. Ele vive de vitimismo
3. Ele só sabe cobrar, mas não faz nada
4. Ele quer ser honrado no trabalho dos outros
5. Ele não sabe fazer e não aprende a fazer

492 - O LÍDER INCLUSIVO (Atos 13:17)

1. Ele delega autoridade ao liderado por meio da responsabilidade
2. Ele tem coragem de acreditar
3. Ele valoriza o liderado no talento e capacidade
4. Ele delega funções, mas mentoria para o crescimento
5. Ele acredita que todos podem liderar

493 - O LÍDER EM ATIVIDADE (Isaías 41:6)

1. Identifica o perfil de liderados para encaixes
2. Motivar e ensinar a equipe em suas funções
3. Cria soluções e batalha por resultados
4. Está atento e disposto para tudo
5. Trabalha para que tudo funcione em harmonia

494 - O LÍDER E AS NOVAS IDEIAS (Atos 17:20)

1. Adotar novas ideias custa recursos, tempo e dinheiro
2. Adotar novas ideias requer mudança de postura de vida
3. Adotar novas ideias exige mente aberta
4. Adotar novas ideias ajuda na conquista de propósitos
5. Não adote novas ideias se não forem para melhorar as coisas

495 - O LÍDER E O PODER DA CRIATIVIDADE (Êxodo 36:8)

1. A criatividade nasce ou pode ser estimulada
2. A criatividade não surge com diplomas, a formação ajuda na ampliação dessa qualidade
3. Pessoas criativas são flexíveis
4. Avaliação, observação, reflexão e testes são as chaves da criatividade
5. Não há paredes para uma pessoa criativa

496 - O LÍDER DE BOM CARÁTER (Romanos 5:4)

1. Ele lidera motivado no amor pelo que faz
2. Ele lidera guiado por visão e valores altos
3. Ele lidera com paciência na busca de resultados
4. Ele lidera sabendo os seus limites
5. Ele lidera para o bem das pessoas

497 - O LÍDER MAU CARÁTER (Isaías 32:7)

1. Acha que todos devem servi-lo e segui-lo sem questionar
2. Não trata as pessoas com dignidade e respeito
3. Ele é guiado por sua vaidade e arrogância
4. Engana, mente, rouba e age com corrupção
5. Ele é desumano sem real temor a Deus

498 - O LÍDER BEM RESOLVIDO (Isaías 32:8)

1. Ele não vive de culpar os outros
2. Sabe que ele é falho
3. Não se importa se não é aceito por todos
4. Cultiva ser agradável com todos
5. Encara seus problemas de frente visando superá-los

499 - O LÍDER DE BEM COM A VIDA (Salmo 37:37)

1. Vive o presente
2. Uma pessoa grata
3. Fica feliz com o sucesso dos outros
4. Não quer provar nada para ninguém
5. Não é escravo das situações traumáticas da vida

500 - O LÍDER SURPREENDENTE (Isaías 32:8)

1. Ele é rico de conhecimento é sabedoria
2. Ele é excelente no que faz e todos se sentem bem com ele
3. Ele sabe o valor de uma equipe e trabalha harmoniosamente com eles

4. Respeita os diferentes, mas influência a todos para viverem sua visão
5. Ele é forte no caráter e não negocia valores

501 - O LÍDER QUE SE SUPERA (Hebreus 12:3)

1. Ele é persistente
2. Ele é disciplinado
3. Seu estado de espírito está na realização do seu propósito
4. Ele sabe que o que tem que ser feito hoje fará toda a diferença até final do ano
5. Ela sabe que seus erros não significam o final de sua carreira

502 - O LÍDER INTENSO (Romanos 12:8)

1. Intenso no amor pela obra que realiza
2. Intenso em cumprir suas responsabilidades
3. Intenso para aprender o que tem que ser aprendido
4. Intenso para viver os valores de liderança
5. Intenso na influência dele com as pessoas

503 - O LÍDER AMOROSO (Salmos 145:13)

1. Ele sabe o valor do diálogo
2. Ele é atencioso
3. Entende o valor do próximo
4. Assistencialista
5. Busca ter um bom relacionamento com todos

504 - O LÍDER E O PASSAR DOS ANOS (Êxodo 12:40)

1. Um ano de sacríficos pode lhe garantir décadas de benefícios
2. Um ano passa rápido para quem valoriza o tempo
3. Não há tempo, nós fazemos o tempo
4. Um ano de aprendizado lhe garante décadas de resultados
5. Não há tempo a perder para quem quer vencer

505 - O LÍDER E OS PROCESSOS (1 Reis 22:43)

1. Quem cumpre os processos garante vitórias
2. Negue os processos e viva na mediocridade
3. Tudo tem um processo para ser vivido e cumprido
4. Os processos te alinham nos valores que você precisa para viver resultados
5. Cumprir os processos dá trabalho mais compensam

506 - O LÍDER E O VALOR DO TESTEMUNHO (Gênesis 21:30)

1. Ela é fundamental na inspiração de novos líderes
2. Ela dá confiança para os liderados segui-lo

3. Cometer uma falha horrenda fará todo o seu testemunho ser desacreditado
4. Humildade e a chave da recuperação de qualquer testemunho
5. Testemunho exemplar não existe, mas temos que dar o nosso melhor

507 - O LÍDER E O SENSO DE JUSTIÇA (Levítico 19:15)

1. Nem todo líder é justo um fato de nossos tempos
2. Em regra todo líder deve ser justo
3. Ninguém segue por muito tempo líderes injustos
4. A injustiça é a marca de pessoas incompetentes ou ignorantes
5. A injustiça sempre é vencida por pessoas justas, cedo ou tarde.

508 - O LÍDER E O MAU HUMOR (Provérbios 22:24)

1. Ninguém vive bem ao lado de pessoas mal-humoradas
2. As pessoas não têm nada a ver com o seu mau humor
3. Nada cresce com líderes mau humorados
4. O bom humor cria ambientes saudáveis
5. Pelo bem de sua liderança vença seu mau humor

509 - O LÍDER E A MORAL (Efésios 5:5)

1. Uma boa moral lhe da credibilidade
2. Nada se sustenta sem uma moralidade sólida
3. Sua moralidade abre portas
4. A moralidade e atacada pelo relativismo
5. O líder de moral fala sem receios

510 - O LÍDER ADMIRADO (Marcos 1:27)

1. Ele tem equilíbrio emocional
2. Receptível as críticas e retém o que é bom
3. Ele tem determinação
4. Ele não negocia suas responsabilidades
5. Ele é humilde para admitir seus erros

511 - O LÍDER NO TOPO (1 Reis 10:18)

1. Ele torna-se uma influência
2. Ele será cobrado na condução de suas atividades
3. Erros podem ser fatais
4. Viverá sob o peso das críticas e responsabilidades
5. Vida com Deus, autoavaliação e crescimento pessoal o manterão no topo.

512 - O LÍDER SOLUCIONADOR (2 Crônicas 24:4)

1. Ele trabalha na busca de soluções

2. Ele encontra soluções na procura de conhecimento
3. Ele encontra soluções na competência de pessoas
4. Ele encontra soluções na unidade de mentes
5. Ele busca em Deus sabedoria para soluções

513 - O LÍDER DE ATITUDES RESPONSÁVEIS (Atos 19:21)

1. Atitude é fundamental diante dos problemas da vida
2. Pense bem e tome a atitude responsável
3. Atitude responsável visa não prejudicar ninguém
4. Quem tem atitude responsável assume seus erros
5. Todos se beneficiam ao lado de pessoas de atitude responsável

514 - O LÍDER E AS ATITUDES QUE GERAM PREJUÍZOS (1 Timóteo 3:6)

1. Não está preparado para a função
2. Não ser capaz de diálogo e relacionamento
3. Ser desonesto e corrupto
4. Não se permitir ser instruído quando necessário
5. Ser negativo

515 - O LÍDER QUE CONTAGIA (2 Coríntios 9:2)

1. Ele contagia pelas atitudes coerentes
2. Ele contagia pela sabia comunicação das informações
3. Ele contagia por meio das conquistas saudáveis
4. Ele contagia pelo conhecimento e experiência que possuí
5. Ser contagiante fala de ser influente

516 - O LÍDER E AS PESSOAS DIFÍCEIS (Efésios 4:1-2)

1. Pessoas difíceis estão em todos os lugares
2. Uns são difíceis por doenças outros por possessão
3. Paciência e bom senso são as armas para lidar com pessoas difíceis
4. Influência às vezes pode ajudar a muda-los
5. Não importa o quanto às pessoas sejam difíceis, o líder tem por obrigação ter respeito por todos.

517 - O LÍDER E O FORTALECIMENTO (2 Crônicas 11:17)

1. Ele se fortalece em uma vida equilibrada
2. Ele se fortalece em uma vida com Deus equilibrada
3. Ele se fortalece em suas férias e pausas
4. Ele se fortalece em seu autodesenvolvimento
5. Ele se fortalece andando com pessoas certas

518 - O LÍDER QUE SUPERA-SE (Atos 9:22)

1. Errar é inevitável
2. Continuar errando é burrice
3. A superação de um erro vai depender do quanto você está disposto a mudar
4. A superação fala de vencer preconceitos e limitações
5. Você tem que ser o primeiro a acreditar na sua superação

519 - O LÍDER QUE FAZ A COISA CERTA (Gênesis 4:7)

1. Sua honestidade garante sua paz
2. Quem faz o que é certo não se abala com as críticas
3. Quem faz o que é certo não vive de comparações
4. Quem faz o que é certo é livre
5. Quem faz o que é certo colhe vitórias e prosperidade

520 - O LÍDER MISERICORDIOSO (Mateus 5:7)

1. Ele não vê cara na hora de ajudar
2. Ele tem empatia
3. Ele busca tratar todos bem
4. Ele faz tudo com amor
5. Ele não busca reconhecimento

521 - O LÍDER E A ACEITAÇÃO (2 Crônicas 33:13)

1. Ele não fica oprimido com as suas imperfeições, mas luta para melhorar
2. Não culpa os outros pelos seus erros, ele aceita seus erros
3. Ele sabe que é pecador e por isso depende de Cristo
4. Ele não se oprime pelas críticas, mas tira proveito disso
5. Ele sabe do seu valor e não se compara com ninguém

522 - O LÍDER E A REBELIÃO (1 Samuel 15:23)

1. Líderes não aceitam rebelião
2. A rebelião combate-se de início com argumentos sólidos e atitudes coerentes
3. O líder deve articular com sabedoria contra as pessoas que causam rebelião
4. O líder sabe que precisa ter mais influência do que os rebelados
5. O líder não deve tratar mal os rebelados, mas retomar uma aliança com eles tem que ser um caso sério a se pensar.

523 - O LÍDER PIEDOSO (Tito 1:8)

1. Ele investe em pessoas por amor e compaixão
2. Ele esvazia-se do seu ego para dar lugar à presença de Deus
3. Ele possui um olhar misericordioso para com as circunstâncias
4. Ele faz do trabalho uma arma para abençoar as pessoas

5. Suas palavras são para motivar

524 - O LÍDER E A ESCOLHA DOS LIDERADOS (Lucas 6:13)

1. Ele para o talento dos liderados que podem preencher as suas inabilidades
2. Ele escolhe para treinar e aperfeiçoar
3. Ele escolhe liderados para missões que contribuam com a visão estabelecida
4. Ele escolhe pessoas de caráter tratado
5. Ele escolhe liderados para torná-los melhores do que ele

525 - O LÍDER SEGUNDO JESUS (Lucas 6:13)

1. Ele é amoroso   (Jo 13. 1)
2. Ele é servo   (Jo 13. 12-17)
3. Ele é integro   (Jo 8.46)
4. Ele é fiel   (Mt 26. 39)
5. Ele é focado na missão (Lc 9. 18-22)

526 - O LÍDER NÃO É INSUBSTITUÍVEL (1 Reis 16:22)

1. Ninguém é insubstituível em termos de liderança
2. Toda a liderança tem valor no tempo em que lhe foi designado
3. Sua liderança pode ser substituída, mas você pode deixar um legado
4. Só a morte pode fazer líder atualizado ser substituído
5. Só o arrogante e iludido pode acham que não poderá ser substituído

527. O LÍDER PARA TEMPOS DIFÍCEIS (Ester 8:7)

1. Ele tem que ser estratégico
2. Ele tem que ser coerente
3. Ele tem que ser ousado e corajoso
4. Ele tem ser bem relacionado e atualizado
5. Ele tem que ser dinâmico nas adversidades

528 - O LÍDER E OS OBSTÁCULOS MALIGNOS (Romanos 16:17)

1. Ele não liga para escárnios e zombarias
2. Ele sabe a diferença entre críticas construtivas e destrutivas
3. Ele sabe ser manso diante da postura de ira do opositor
4. Ele sabe ter uma resposta saudável e inteligente para as afrontas do inimigo
5. Ele sabe ter autoestima diante da fofoca e da perseguição dos inimigos

529 - O LÍDER FLEXÍVEL (Salmos 103:8)

1. Ele está aberto para as críticas construtivas
2. Ele pode mudar algumas coisas desde que ajude na concretização do objetivo

3. Ele não tem medo de mudar a posição das pessoas da equipe pela concretização do seu objetivo
4. Ele tem a cabeça aberta para mudanças pessoais desde que isso traga retornos
5. Ele sabe perdoar e oportunizar a todos que se mostram arrependidos

530- O LÍDER DINÂMICO (2 Crônicas 11:23)

1. Ele tem uma grande rede de contatos
2. Ele cria conexões entre talentos e pessoas
3. Investe em inovação e crescimento pessoal
4. Sabe lidar com complexidades
5. Sempre age estrategicamente

531- O LÍDER ATUALIZADO (2 Samuel 14:20)

1. Ele sabe o que está acontecendo no mundo
2. Ele se atualiza na missão que está exercendo
3. Ele sabe contextualizar o que está acontecendo para realidade de sua liderança
4. Ele atualiza- se para inovar
5. Ele aprende com todos e com tudo e está sempre atento

532 - O LÍDER CHAMA SEGUIDORES (Juízes 9:4)

1. Ele chama pelo máximo de exemplos que ele promove
2. Ele chama pelo desafio que ele promove
3. Ele chama pelo seu propósito de vida e missão
4. Ele chama pela capacidade de inspirar pessoas
5. Você está exercendo a liderança quando há pessoas lhe seguindo

533 - O LÍDER E A SUA MENTE (Salmos 26:2)

1. Ele precisa exercitá-la para ter criatividade
2. Ele precisa desenvolvê-la para ser revolucionária
3. Ele precisa ter uma mente flexível sem negociar princípios eternos
4. Ele precisa treinar a sua mente para focar em alvos e objetivos
5. Ele precisa praticar uma mente influente e relacional

534 - O LÍDER E AS CRÍTICAS MALIGNAS (1 Timóteo 6:4)

1. Críticas malignas são para desmotivar - continue trabalhando
2. Críticas malignas são para estagnar - continue inovando
3. Críticas malignas são para difamar - continue melhorando como pessoa
4. Críticas malignas são para menosprezar - continue se superando
5. Críticas malignas são para tirar a visão - continue focado

535 - O LÍDER QUE PLANEJA (Provérbios 20:18)

1. O planejamento estabelece como agir para alcançar o objetivo
2. Sem planejamento todo o líder viverá em constantes fracassos
3. Todo o planejamento está vinculado a uma visão. Sem visão, como planejar?
4. Todo o planejamento que dá certo está vinculado à realidade e adaptações
5. O líder que não planeja não está liderando

536 - O LÍDER QUE NÃO RECLAMA (Marcos 11:5)

1. Ele assume o fato de que só ações mudam realidade
2. Reclamações sem atitudes não mudam nada
3. Tudo na vida tem um preço e quem reclama do preço não quer vencer
4. O líder de ação quando erra assume seu erro e não vive de reclamações
5. Viver reclamando diminuir sua visão de vida e ação

537 - O LÍDER E AS PERGUNTAS ESTRATÉGICAS (2 Crônicas 31:9)

1. Ele diz: o quê. Para definir metas e objetivos
2. Ele diz: por quê. Para definir motivos e benefícios
3. Ele diz: quem. Para definir a equipe
4. Ele diz: quando e como. Para definir custos e processos
5. Ele diz: quando e onde. Para definir cronograma e local

538 - O LÍDER QUE TRABALHA COM VISÃO (Provérbios 21:5)

1. Ele adotou uma visão para a obra que está desenvolvendo
2. Ele transfere a visão aos liderados
3. Ele faz com que todos entrem na meta e no planejamento a fim de executar e alcançar a visão
4. Ele cria um ambiente em torno da visão
5. Ele está aberto para adaptações com a finalidade de alcançar a visão

539 - O LÍDER MONITORA (1 Crônicas 7:29)

1. Uma atitude necessária
2. Quem fica de olho naquilo que administra evita prejuízos
3. Ajuda a tomar atitudes mais rápidas quando falhas são identificadas
4. Ajuda a prever resultados
5. O monitoramento ajuda na avaliação da equipe, das pessoas e do trabalho

540 - O LÍDER BRILHANTE (2 Samuel 12:29)

1. Ele motiva os liderados para novos desafios
2. Ele é persistente na busca de soluções
3. Extrai das críticas um aprendizado para eles
4. Possui uma visão de mundo diferenciado

5. Tem uma autoestima contagiante

541- O LÍDER MENTE ABERTA (Provérbios 20:18)

1. Ele está aberto para novas informações
2. Está disponível para a inovação sem quebrar princípios
3. Ele convive abertamente com o diferente sem abrir mão de seus valores
4. Ele sabe que adaptação é fundamental para uma liderança crescente
5. O líder entende que tudo o que é novo pode ser transformador

542 - O LÍDER E A AÇÃO (1 Crônicas 29:9)

1. O líder sem ação está fadado ao esquecimento
2. O líder de ação conquista sucesso
3. O líder tem uma ideia e logo entra em ação
4. Somente ação transporta para realidade o que está no imaginário
5. O líder em essência também é ação

543 - O LÍDER E OS LIDERADOS (1 Crônicas 4:42)

1. Ele os influência
2. Ele sabe conquistar comprometimento dos seus liderados
3. Seu exemplo conquista
4. Ele gera entusiasmo
5. Ele tem a capacidade de conquistar disciplina, responsabilidade e lealdade

544 - O LÍDER QUE SABE ATIVAR (2 Coríntios 9:2)

1. Ele sabe ativar os liderados para realizar tarefas e objetivos
2. Ele ativa as mudanças
3. Ele treina e capacita para depois ativar os liderados para os objetivos da missão
4. Ele ativa mudança nos outros
5. Ativar ações é uma autenticidade de líderes

545 - O LÍDER QUE ACREDITA (Romanos 10:16)

1. O líder primeiramente tem que acreditar em si mesmo
2. A influência sobre os liderados começa quando acreditamos no que fazemos
3. Acreditar gera grandes resultados cedo ou tarde
4. Nunca subestime sua capacidade de acreditar
5. Os desafios nos ajudam no hábito de acreditar no que fazemos

546 - O LÍDER E AS AMIZADES (Provérbios 12:26)

1. Amizade é um item fundamental na conquista de uma liderança influente
2. Amizade de um líder deve reconhecer seus limites
3. Amizade saudável vive de bons exemplos

4. Amizade verdadeira está baseada em diálogo e respeito
5. Amizade na liderança requer fronteiras e o líder as estabelece

547 - O LÍDER E O DIÁLOGO (2 João 1:12)

1. O líder saudável é aquele que sabe dialogar
2. Nossa organização e liderados sofrerão se não soubermos dialogar
3. As diferenças se alinham no diálogo
4. O diálogo é feito de troca de ideias, opiniões, impressões, sentimentos e conversação
5. Seu diálogo não funcionar pelo menos teve diálogo

548 - O LÍDER WORKOHOLIC (Miquéias 6:3)

1. Ele é perfeccionista
2. Adora ser o salvador da pátria
3. Vive sobrecarregado de tarefas
4. Vive sempre preocupado, pois não gosta de delegar
5. Ele só sabe trabalhar de forma compulsiva

549 - O LÍDER LUCRA ENTENDENDO PESSOAS (Provérbios 14:8)

1. Entender pessoas é o trabalho do líder
2. O líder ajuda na solução dos problemas das pessoas
3. O líder entende a situações para as pessoas perdidas
4. O líder encontra falhas nas pessoas e as ajuda a melhorar
5. O líder abre caminhos para as pessoas vencerem

550 - O LÍDER PACIENTE (Eclesiastes 7:8)

1. Ele tem controle emocional
2. Ele acredita em mudanças mesmo que levem tempo
3. Ele tem paciência na formação de liderados
4. Você tem paciência com a limitação dos liderados?
5. Sua paciência agrega, motiva e ajuda aos liderados?

551- O LÍDER E A INTERATIVIDADE (Provérbios 22:20)

1. Interatividade fala de uma troca de ideias
2. Interatividade fala de um diálogo organizacional
3. Interatividade fala da soma de ações por parte todos para a conquista do propósito
4. Interatividade cria dinamismo
5. Interatividade cria inclusão

552 - O LÍDER PROPOSITADO (Êxodo 10:10)

1. Ele tem um objetivo
2. Ele influência de acordo com suas finalidades
3. Ele monta estratégias em conformidade com suas finalidades
4. Sua palavra conforme suas intenções
5. Não é errado ser propositado desde que isso colabore para a vitória de todos

553 - O LÍDER QUE FAZ A EQUIPE FUNCIONAR (1 Crônicas 12:18)

1. A equipe é tratada como um todo tanto em amor como em justiça
2. A equipe tem liberdade para um diálogo aberto dentro dos limites do respeito
3. Ele administra as crises na equipe sem ser injusto
4. A autoridade do líder é uma proteção na equipe e não uma ameaça
5. A forma terapêutica de liderar a equipe faz com que tudo funcione

554 - O LÍDER E OS ADVERSÁRIOS (Salmos 59:1)

1. Não há liderança sem oposição
2. O líder deve respeitar adversários
3. Pense como um adversário e antecipe estratégias de defesa e ataque
4. Os adversários nos desafiam a mudanças
5. A função dos adversários são neutralizar o líder – esteja preparado para isso

555 - O LÍDER NO DIÁLOGO DIFÍCIL (Jó 33:31)

1. Ele não começa atacando, julgando ou acusando
2. Ele gera reflexões no seu diálogo
3. Ele procura sempre estar preparado nos seus argumentos
4. Ele toma cuidado com a postura defensiva
5. Numa conversa difícil ele sempre procura ter suas emoções equilibradas para que isso não o atrapalhe

556 - O LÍDER DE MENTALIDADE FIXA (Deuteronômio 32:29)

1. Ele se encontra fechado em um cercado que ele mesmo criou
2. Ele é resistente a mudanças
3. Ele está preso ao seu passado
4. Ele não se atualiza na busca de formas diferentes de alcançar o sucesso
5. Ele está sempre na defensiva

557 - O LÍDER QUE AMA O QUE FAZ (Romanos 12:8)

1. Quem faz com amor faz com excelência
2. Ele não tem problemas com o tédio na sua liderança
3. A sua liderança promove o bem-estar de todos
4. O amor sempre gera bons resultados

5. Ele faz muitas coisas, mas não se vê trabalhando um dia sequer

558 - O LÍDER ADAPTÁVEL (Gênesis 33:11)

1. Adaptar-se é uma realidade que sempre existiu
2. Quem tem segurança emocional tem facilidade de adaptação
3. Adversidades geram adaptação
4. O líder que não se adapta sentenciou-se a morte na sua liderança
5. Um coração disposto a aprender o faz adaptável

559 - O LÍDER DE FIRMES CONVICÇÕES (Hebreus 6:11)

1. Sua missão fica bem clara em suas convicções
2. Uma pessoa convicta passa segurança aos seus seguidores
3. Suas convicções influenciam outros
4. Uma pessoa de convicções sempre será perseguida por uns e respeitada por outros
5. Só uma pessoa de firme convicção muda realidades

560 - O LÍDER INACONSELHÁVEL (Provérbios 19:20)

1. Ele é arrogante
2. Ele anda sozinho
3. Não aceita instruções que o desafie para mudanças
4. Ele foge da confrontação
5. Ele sabe tudo e entende de tudo

561- O LÍDER E SUA AGENDA (Mateus 20:6)

1. Sua agenda diária fala de sua visão
2. Sua agenda lhe ajudará a priorizar o que é importante
3. Visualize, planeja e priorize tudo em uma agenda séria
4. Menospreze sua agenda e você nunca terá controle sobre sua vida e o tempo
5. Sucesso também é o resultado de uma agenda realizada

562 - O LÍDER QUE SE REPRODUZ (Gênesis 1:11)

1. Ele desafia pessoas para lhe ensinar a sua liderança
2. Ele encoraja pessoas
3. Ele inspira pessoas
4. Ele torna-se um modelo a ser seguido para as pessoas
5. Tudo o que ele faz acaba desenvolvendo pessoas

563 - O LÍDER NEGOCIA (Gênesis 34:10)

1. Ele sabe que negociações são importantes na liderança
2. Ele se prepara para as situações de negociação

3. Em negociação se ouve mais do que se fala
4. Ele sabe controlar suas emoções para usar a seu favor
5. Ele sabe até onde pode negociar

564 - O LÍDER QUE NINGUÉM QUER (Provérbios 24:1)

1. Ele é falso e desonesto
2. Ele procrastina
3. Ele é rebelde
4. Ele é ingrato e maligno
5. Ele não dá bons resultados e gera muitos prejuízos

565 - O LÍDER E AS SUAS COMPANHIAS (Provérbios 18:24)

1. Nossas companhias pessoais falam de quem somos
2. Nossas companhias falam de nossos objetivos
3. Nossas companhias falam de nossa influência ou não
4. A falta de companhia fala de nossa incapacidade de relacionamentos
5. Nossas companhias acabam conhecendo quem somos

566 - O LÍDER ADMINISTRADOR (Gênesis 41:40)

1. Ele sabe administrar os liderados espalhados em suas diversas áreas
2. Ele administra de perto, sempre supervisionando
3. Ele administra por meio da equipe quando não pode estar perto
4. Ele administra com técnica sem ser impessoal
5. Ele administra recursos com ética e valores

567 - O LÍDER GRATO (1 Timóteo 1:12)

1. Ele reconhece os feitos realizados a seu favor
2. Ele valoriza a pessoa pelos feitos realizados a seu favor
3. Ele recompensa feitos realizados a seu favor
4. Ele sabe dizer obrigado
5. Ele entende que ser grato inspira pessoas

568 - O LÍDER E O DIÁLOGO INFLUENTE (Atos 15:32)

1. Diálogo influente é feito com transparência
2. Diálogo influente é fruto de uma mente aberta
3. Diálogo influente é resultado de cuidado na escolha das palavras e argumentos
4. Diálogo influente e consequência de uma mente bem-informada e treinada
5. Diálogo influente gera grandes resultados

569 - O LÍDER QUE AGE RÁPIDO (Lucas 1:51)

1. Ser rápido nas ações é essencial para certas situações
2. Nem tudo exige rapidez, saiba a diferença entre: urgente, importante e prioridade
3. O líder sempre será rápido com uma equipe eficaz
4. A rapidez de um líder sempre será resultado de senso crítico, conhecimento e atitude
5. Rapidez e eficiência são um grande desafio para líder

570 - O LÍDER E A MUDANÇA DE ESTILO (2 Samuel 12:20)

1. Para cada situação existe um estilo de liderança
2. Os estilos de liderança geralmente estão vinculados ao nosso tipo de personalidade, mas todos os estilos podem ser apreendidos
3. Cada proposta, projeto e missão exigirá um estilo de liderança
4. Pessoas fracassam por não mudarem o estilo de liderança
5. Mudar o estilo de liderança não implica na obrigação de mudar a ética e os valores

571 - O LÍDER DIANTE DAS ALTERNATIVAS (Gênesis 41:33)

1. Todo o líder lida com alternativas
2. A melhor alternativa segura é aquela que abraça a todos e a si mesmo. Mas isso é muito raro.
3. Nem sempre o líder deve optar por alternativas populares, mas sempre deve optar por aquele que é o melhor para o momento e o futuro
4. Diante das alternativas devemos ter bom senso
5. Alternativa errada prejuízo certo

572 - O LÍDER E O REFLEXO DE UMA MÁ LIDERANÇA (2 Reis 14:12)

1. Má liderança gera falta de credibilidade
2. Má liderança desmotiva em massa
3. Má liderança sempre gera outras más lideranças
4. Má liderança ela destrói as futuras lideranças
5. Má liderança fica por um tempo, mas nunca permanece

573 - O LÍDER QUE VENCE (Romanos 8:37)

1. Ele tem compromisso com o desenvolvimento de outras lideranças
2. Gerenciar talentos
3. Criar uma cultura dentro de sua organização
4. Ele sempre está em autodesenvolvimento para ter o melhor para compartilhar com sua liderança
5. Ele é um incentivador

574 - O LÍDER E A LIDERANÇA DESPERDIÇADA (Colossenses 4:5)

1. Desperdiçamos líderes por não os ver como líderes
2. Desperdiçamos líderes por não os treinar
3. Desperdiçamos líderes por não entendemos de liderança
4. Desperdiçamos líderes por causa de radicalismo
5. Desperdiçamos líderes por não estarmos em um ambiente propício para o surgimento de liderados

575 - O LÍDER CHATO (Efésios 5:4)

1. Ele se mete em tudo o que delega - ele não confia
2. Ele tira brincadeira fora do seu momento correto
3. Ele é perfeccionista, mas ele mesmo não consegue ser
4. Ele é fraco nos argumentos
5. Ele cria situações embaraçosas

576 - O LÍDER MODERNO

1. Ele está atento às novidades
2. Ele tem senso de prioridade
3. Proporciona treinamentos
4. Ele tem conteúdo
5. Ele é ativo das mídias sociais

577- O LÍDER E AS ATITUDES NEGATIVAS (Números 26:9)

1. Ele critica em público
2. Ele usa o cargo que possui para impor suas ideias
3. Ele trata seus colaboradores como peças de um jogo e não os valoriza
4. Ignora a vida pessoal das pessoas
5. Ele perde o equilíbrio emocional nas discussões

578 - O LÍDER E A COMPETÊNCIA MOBILIZADORA (2 Reis 23:1)

1. Ele tem flexibilidade para juntar pessoas
2. Ele antecipa riscos
3. Ele cria mobilização e executa com excelência
4. Ele é acessível e possui influência
5. Desenvolve pessoas e gerência para mobilização

579 - O LÍDER E AS IDEIAS ALHEIAS (Números 9:8)

1. Todas as pessoas possuem ideias o líder não pode ignora essa realidade
2. Ouça sempre com atenção as ideias
3. Ideias relevantes devem ser apreciadas e anotadas
4. O líder deve ser sábio em lidar com as ideias que lhe apresentam

5. Tenha uma mente aberta para novas ideias

580 - O LÍDER E A FORMAÇÃO DA AUTOESTIMA (Gênesis 45:5)

1. Ela depende de como nós nos enxergamos
2. Ela depende do quanto valorizamos o que fazemos
3. Ela surge de uma autoaceitação que luta por melhorias
4. Ela pode ser alimentada por uma fé inabalável
5. Esteja sempre avaliando a sua autoestima e faça mudanças necessárias para avivá-la

581- O LÍDER E A COMPAIXÃO (Mateus 15:32)

1. Ele sabe que todos vão errar
2. Ele sabe que todo o arrependimento verdadeiro precisa de segunda chance
3. Ele sabe que o sofrimento gera mudanças
4. A compaixão gera aliados em meio à dor
5. Se colocar no lugar dos outros nos faz líderes melhores

582 - O LÍDER E O VITIMISMO (Ester 4:3)

1. Vitimismo é a ideia de que tudo de errado é culpa dos outros
2. Uma mentalidade que paralisa o desenvolvimento do liderado
3. Muitos usam o vitimismo com escape para sua falta de competência e preparação
4. Pare de lamentar e seja de solucionador
5. O vitimismo é um câncer que destrói seu futuro

583 - O LÍDER QUE FAZ (1 Tessalonicenses 1:8)

1. Ele não apenas diz que faz, ele faz
2. Ele é seguro no que faz e como faz as coisas
3. Ele acredita no seu potencial e por isso faz
4. Ele tem conteúdo e isso lhe dar credibilidade para fazer
5. Ele busca ter uma boa aparência, pois ele sabe que isso conta

584 - O LÍDER E A CONCORRÊNCIA (Judas 1:9)

1. Tudo o que é bom é imitado não tem jeito
2. O líder que vence a concorrência é aquele que melhora sua comunicação
3. O líder vence a concorrência sempre tem variedades e qualidade para oferecer
4. O líder deve sempre apresentar um ambiente agradável e acolhedor
5. Ele não negocia a busca de novos conhecimentos e relacionamentos

585 - O LÍDER SEM OPINIÃO PRÓPRIA (Isaías 19:11)

1. Ele vive do que os outros acham e pensam
2. Deixa-se ser influenciado pela opinião dos outros sem uma análise crítica

3. Faz seu trabalho apenas para agradar os outros
4. O líder sem opinião própria não inspira ninguém
5. O líder sem opinião própria se mete em confusão e sempre desonra as pessoas

586 - O LÍDER QUE SUPERA A INVEJA (Provérbios 27:4)

1. A inveja está dentro do homem, mas dominá-la é um exercício de disciplina
2. A superação da inveja começa no reconhecimento desse sentimento
3. Vença a inveja nutrindo admiração
4. Troque a inveja pelo bom caráter
5. Busque em Deus libertação

587 - O LÍDER SOB PRESSÃO (2 Samuel 22:5)

1. Não há como ser um líder de excelência e não está sob pressão
2. Na pressão o líder precisa manter-se calmo e confiante
3. Cuidado para a pressão não sabotar seus pensamentos
4. A cada pressão que a vida nos dá aprendemos a ser mais fortes
5. A pressão nos desafia para novos processos de criatividade

588 - O LÍDER É UMA MULHER? (Juízes 4:4)

1. Autoridade na liderança não tem sexo
2. Ela deve ser respeitada na sua autoridade independente do sexo
3. A sensibilidade feminina é uma ferramenta a mais na sua liderança
4. Elas possuem geralmente uma capacidade de agir em muitas direções
5. Marido, filhos e casa ajudam a mulher a ter maior capacidade de administração

589 - O LÍDER QUE EVITA ERROS (Deuteronômio 27:18)

1. Ele evita erros vigiando seu caráter
2. Ele evita erros dominando suas emoções
3. Ele nunca toma decisões de cabeça quente
4. Ele evita erros quando apura fatos, dados e informações
5. Ele evita erros quando se permite ser guiado por Deus

590 - O LÍDER E AS PERDAS (Filipenses 3:7)

1. Você não chegará até o fim de uma missão sem passar por algumas perdas
2. Mantenha a ética para com aqueles que decidiram lhe abandonar de boa
3. Pessoas desonestas, falsas e que dão prejuízos nunca fazem falta
4. Quando perdemos pessoas para a morte elas devem ser honradas
5. A melhor maneira de evitar grandes prejuízos e perdas e ter muitos líderes em treinamento para substituir aqueles que se vão

591- O LÍDER E AS ILUSTRAÇÕES (Mateus 13:3)

1. Usar ilustrações realça detalhes importantes
2. Ela aumenta a compreensão da mensagem que você quer passar
3. Ela aumenta o interesse dos ouvintes quando usada na medida certa
4. Ilustrações podem ser extraídas de comparações, experiências próprias, de livros e revistas
5. A ilustração fixar na mente dos ouvintes a sua mensagem

592 - O LÍDER E AS NECESSIDADES DA EQUIPE (Romanos 12:13)

1. Ele dá orientação às pessoas da equipe
2. Deve ter habilidade de agir em diversas direções
3. Deve ter controle emocional diante da dificuldade da equipe
4. Ele deve fortalecer as habilidades pessoais dentro da equipe
5. Ele deve ser flexível, comunicativo e persuasivo

593 - O LÍDER E A EMPATIA (João 11:35)

1. Empatia é perceber o sentimento dos outros e sentir-se no lugar dos outros
2. Empatia é desconectar-se para se conectar no mundo dos outros
3. Todos percebem quando você não está nem aí para as pessoas
4. O líder que possui empatia evita diversas insatisfações
5. Líder com empatia conquista a confiança das pessoas

594 - O LÍDER E A AUTORRESPONSABILIDADE (Gênesis 43:9)

1. Autorresponsabilidade é uma qualidade onde a pessoa assumi unicamente a sua parte nos erros e acertos
2. A maioria das pessoas gostam de transferir seus erros e culpas
3. Essa qualidade não nasce com a pessoa ela é desenvolvida
4. Devemos ter cuidado em andar com pessoas que não assumem autorresponsabilidade
5. Autorresponsabilidade nos ajuda a abrir os olhos para realidade que deve ser mudada em nossas vidas

595 - O LÍDER VULNERÁVEL (Provérbios 24:10)

1. E aquele líder que não vivem em equilíbrio nos sentimentos, nos estudos e no trabalho
2. É aquele que nutre arrogância
3. Aquele que negocia a sua integridade
4. Aquele que não cuida direito das informações que recebe e nem anda com zelo
5. Ele não possui uma vida espiritual protegida por Deus, pois não leva a sério a disciplina da espiritualidade

596 - O LÍDER E OS DESAFIOS DAS MULHERES NA LIDERANÇA
(Juízes 4:9)

1. Elas vivem na cultura masculina forte
2. Elas devem ter coragem e força para equilibrar as várias áreas de sua vida
3. As mulheres competem mais entre si do que os homens
4. Mulheres devem liderar sem perder o respeito pela posição do homem diante da realidade cristã
5. A mulher não foi feita para apenas embelezar a liderança, mas para liderar

597 - O LÍDER E O PODER DAS PALAVRAS AFIRMATIVAS
(2 Coríntios 9:2)

01. Palavras tem poder
02. A mente e as ações das pessoas podem ser afetadas pelas palavras
03. Palavra de forte afirmação geram motivações positivas
04. Palavras afirmativas revelam e ajudam o desejo que temos de realizar algo
05. Ninguém gosta de líderes cheios de palavras negativas

598 - O LÍDER ATRAI LÍDER (2 Samuel 6:1)

1. O líder que tem visão e missão atrai líderes que desejam ter esses mesmos valores
2. Ele tem conteúdo em suas argumentações e isso atraí outros líderes
3. Ele influência, e não dá simplesmente ordem e isso atrai outros líderes
4. Ele é disciplinado, tem ética é trabalhador, tem dignidade e isso atrai outros líderes
05. Ele sabe motivar e isso atraí outros líderes

599 - O LÍDER E O POTENCIAL (Êxodo 35:35)

1. Todos têm potencial para liderar basta aprender
2. O potencial de sua liderança está na sua aptidão pessoal – Encontre a sua aptidão
3. Desafie-se a liberar seu potencial
4. Quanto mais você se qualifica dentro da sua aptidão mais você libera o seu potencial
5. Quanto mais servimos mais potencial liberamos

600 - O LÍDER E AS CRENÇAS LIMITANTES (2 Coríntios 6:12)

1. Crenças limitantes bloqueiam o seu melhor na liderança
2. Nossas crenças limitantes podem ser fruto da influência de pessoas que nos cercam
3. Crenças limitantes geram liderados limitados
4. Você consegue identificar suas crenças limitantes?
5. Crenças populares:
    - Você nasce líder
    - Você já passou do tempo

- Só muito conhecimento te faz líder
- Seu temperamento não é de líder

601- O LÍDER E OS REBELDES (Lamentações 3:42)

1. Os rebeldes são presunçosos, arrogantes e desrespeitosos
2. Os rebeldes sempre tentam desqualificar o seu líder
3. Os rebeldes sempre estão envolvidos com conflitos
4. Os rebeldes sempre mobilizam ações no intuito de levantar novos rebeldes
5. Com rebeldes intolerantes o tratamento precisa ser duro

602 - O LÍDER E OS ERROS DE LIDERANÇA (2 Reis 3:26)

1. Ele trata a todos como iguais - um erro grave
2. Ele age diferente do seu discurso – lamentável
3. Ele não transmite segurança e conhecimento no que faz
4. Ele só sabe se impor e não influencia com argumentos inteligentes
5. Ele não ouve ninguém

603 - O LÍDER NOS TEMPOS DE SOFRIMENTO (Jó 11:16)

1. Todo o grande líder de valor passa por tempos de dor e isso precisa ser entendido muito bem
2. Tempos difíceis moldam líderes excelentes
3. Ser forte é necessário para não sucumbir nas emoções, somente tempos difíceis moldam as nossas forças
4. Ter fé e tempos de sofrimento é indispensável
5. A superação de tempos difíceis requer criatividade, caráter e equilíbrio

604 - O LÍDER E OS DESANIMADOS (Josué 7:5)

1. Para pessoas desanimadas sempre tenha uma palavra motivadora
2. Demonstre interesse no talento do desanimado
3. Aumente o ânimo e a visão do desanimado
4. Promova a mudança de foco no desanimado
5. Leve o desanimado a uma reflexão e a gratidão

605 - O LÍDER E AS PESSOAS DESELEGANTES (1 Timóteo 5:13)

1. Sempre fale com calma e com autoridade com as pessoas deselegantes
2. Ignore sempre que for possível a atitude deselegante
3. Seja claro e educado quando você tiver que tratar o que você não tolera
4. Não se rebaixe ao nível dos deselegantes
5. Sempre tenha testemunhas quando você estiver tratando com pessoas deselegantes

606 - O LÍDER E OS INTERESSEIROS (Lucas 17:11-19)

1. Eles forçam amizade e se fazem necessários
2. Eles estão sempre de olho nos seus pontos fortes e fracos - para saber lidar com a sua personalidade
3. São manipuladores
4. Agem com a habitual artificialidade
5. Mundo de opiniões conforme as situações e se demonstram perfeitos

607 - O LÍDER E OS MENTIROSOS (Salmos 120:2)

1. Mentiu já não é confiável
2. Mentirosos gosta de manipular tudo ao seu redor
3. Eles imitam pessoas honestas
4. São eloquentes
5. Os mentirosos estão em todos os ambientes

608 - O LÍDER E OS ANTIGOS MÉTODOS (Gênesis 36:7)

1. Nada é para sempre no mundo das ideias e metodologias, tudo muda de tempos em tempos
2. Quem não se atualiza no mundo da liderança não conseguirá alcançar pessoas
3. Métodos antigos podem se tornar uma zona de conforto
4. Métodos antigos e ultrapassados bloqueiam a nossa produtividade
5. Qual o método que devemos usar? Devemos usar aquele que está de acordo com a realidade do momento.

609 - O LÍDER E AS INTRIGAS (Provérbios 24:8)

1. O líder não se mete em intrigas, ele resolve intrigas
2. Intrigas desgastam a pessoa do líder
3. Todas as intrigas criam um ambiente desmotivador
4. Tenha sabedoria, paz e a paciência para lidar com intrigas das quais você não pode fugir
5. O líder que vive de intrigas sempre acabará colhendo prejuízos tanto espirituais como materiais

610 - O LÍDER E A POLÍTICA (Romanos 13.1-7)

1. A política está em todos os lugares e ninguém pode fugir dela
2. O líder pode ser engajado na política desde que isso gere resultados para a obra de Deus
3. Líderes sérios tem muito cuidado com políticos corruptos é mentirosos
4. Tenha equilíbrio para não perder pessoas por causa de política, essa realidade sempre passa
5. Lideramos para preparar a política do Reino de Deus que um dia se manifestará

611 - O LÍDER E A OPOSIÇÃO (Atos 6:9)

1. Ninguém vive uma liderança sem oposição
2. Toda a oposição gera crescimento pessoal no líder, e se não gerar, o líder cai
3. Trate a oposição com equilíbrio e sabedoria
4. Com a oposição não se desce ao nível da baixaria
5. O líder deve sempre prevê oposição, e com isso, montar estratégias para combatê-la com maestria

612 - O LÍDER E OS MITOS (1° Parte) (Tito 1:14)

1. Mito: O Líder nasce pronto. A verdade: todos podemos ser líderes
2. Mito: Alguns são chamados para liderar. A verdade: Deus chamou todos para liderar.
3. Mito: Só quem tem tempo pode ser líder. A verdade: Tempo não se tem se faz
4. Mito: Só quem tem conhecimento lidera. A verdade: O conhecimento ajuda na caminhada da liderança
5. Mito: Só quem prega bem pode liderar. A verdade: A palavra quem dá é Deus

613 - O LÍDER E OS MITOS (2° Parte) (Tito 1:14)

1. Mito: Liderar requer um sacrifício que Deus não deseja. A verdade: Liderar é uma decisão
2. Mito: Liderança é um talento. A verdade: Liderança é um desenvolvimento que se busca
3. Mito: Liderança é para quem tem personalidade extrovertida e forte. A verdade: Liderança não tem nada a ver com personalidade
4. Mito: Liderança é para pessoas inteligentes. A verdade: Liderança é para quem quer ser usado por Deus
5. Mito: Eu não tenho desejo de liderar. A verdade: Deus dá os desejos quando queremos obedecer

614 - O LÍDER E OS MITOS (3° Parte) (Tito 1:14)

1. Mito: Líderes mandam. A verdade: Líderes influenciam
2. Mito: As pessoas são difíceis de liderar. A verdade: A pessoa mais difícil de liderar é você
3. Mito: Eu não me sinto apto. A verdade: Liderar é querer se desenvolver
4. Mito: Eu sou pecador. A verdade: Deus usa pecadores
5. Mito: Eu não sou importante. A verdade: Todos possuem sua importância para Deus neste mundo

615 - O LÍDER FALA MENOS E AGE MAIS (Lucas 1:51)

1. Tudo o marketing é bom desde que não seja mentiroso
2. Não importa o que você diz, suas ações e resultados falam mais que suas palavras

3. Você causa mais impacto falando menos e fazendo mais
4. Analise o ontem reflita sobre seu hoje e fuja do autoengano
5. Apenas faça tudo o que tem que ser feito e fale menos para não tropeçar nas palavras

616 - O LÍDER IRREVERENTE (2 Timóteo 3:2)

1. Ele é desrespeitoso
2. Ele sempre quebra as regras de forma desrespeitosa
3. A única irreverência aprovada por Deus é aquele que vai contra o pecado
4. A irreverência que nos aproxima de Deus é a única aceitável
5. Como cristãos nossa irreverência não pode ir contra a ética e a moral de Deus

617 - O LÍDER SEMPRE ESCREVE UMA HISTÓRIA (1 Reis 14:19)

1. Uma história de vitória ou de derrota
2. Uma história de excelência ou de mediocridade
3. Uma história de influência positiva ou negativa
4. Uma história que gera legado ou a que se perderá com o tempo
5. Como você tem escrito sua história?

618 - O LÍDER NÃO COMPLICA ELE DESCOMPLICA (Números 5:7)

1. Complicações existem em todas as áreas da vida
2. Avalie se suas atitudes complicam ou descomplicam as coisas
3. Quem complica a vida só atrasa resultados
4. Pessoas complicadas são geralmente seres complicados na maneira de pensar
5. Nas situações complicadas busque sabedoria para resolver

619 - O LÍDER DE HÁBITOS DE SUCESSO (2 Pedro 2:19)

1. Ele tem rotina - algo que pessoas comuns detestam
2. Ele sabe o que tem que fazer e não deixa para depois
3. Ele vive aprendendo
4. Ele sabe o valor das conexões
5. Ele saber ser saudável consigo mesmo e como todos que estão ao seu redor

620 - O LÍDER INSPIRADOR (Hebreus 10:24)

1. Ele dá um exemplo de amor pelo que faz e isso inspira
2. Existe paixão quando ele fala de sua missão e isso inspira
3. Seu conteúdo é inspirador
4. Suas decisões inspiram
5. Seus resultados inspiram

621 - O LÍDER E A PROSTITUIÇÃO (Gálatas 5:19)

1. Um grande problema espiritual
2. Um problema sério no caráter
3. Não há liderança que sobreviva há uma vida de prostituição
4. Prostituição se vence com vida no altar
5. Você já avaliou sua vida para identificar o mal da prostituição?

622 - O LÍDER E A BUSCA DA CRIATIVIDADE (Isaías 40:26)

1. Criatividade tem a ver mais com esforço
2. Criatividade é fruto de flexibilidade e curiosidade
3. Criatividade é fruto de um olhar abertos para o mundo
4. Criatividade é fruto da busca de soluções
5. Criatividade é fruto de junção de ideias

623 - O LÍDER BIPOLAR (Salmos 55:2)

1. Eles são autoritários, manipuladores e possuem um humor variável
2. Eles saem do salto quando suas ideias e ordens são contrariadas
3. Eles exigem lealdade e submissão ao extremo, mas os mesmos não são com ninguém
4. São inseguros e instáveis nas ideias
5. Eles sempre chegam a algum lugar na vida, mas geralmente não permanecem por lá muito tempo

624 - O LÍDER E A DEPRESSÃO (Salmos 116:3)

1. Geralmente a depressão é o resultado de muito ativismo por parte do líder
2. Não permita que as pressões da vida afetem a sua paz
3. Não se deixe contaminar pelas palavras negativas
4. Cerque-se de pessoas que possam lhe ajudar aumentar o seu ânimo e a sua alegria de viver
5. Se a depressão não melhorar procure ajuda espiritual e clínica

625 - O LÍDER E OS LIMITES DA TOLERÂNCIA (2 Coríntios 11:19)

1. Tudo nessa vida tem limites, até a tolerância
2. A tolerância geralmente termina quando o diálogo não é mais aceito e os direitos não são respeitados
3. Nunca baixe o nível, corte relacionamentos
4. Onde não há tolerância não haverá paz
5. A tolerância tem os limites de sua capacidade, conhecimento e espiritualidade

626 - O LÍDER E OS FOFOQUEIROS

1. Líderes não devem fofocar da vida de ninguém
2. Mas é proibido ouvir uma fofoca? Não, mas o líder não deve passar para frente
3. Toda a informação que não tem fontes confiáveis é uma desonestidade
4. O líder que tem problemas com fofoca irá destruir sua equipe de trabalho
5. A fofoca sempre gera o início de mentiras, ódio, vingança e todos os hábitos malignos

627 - O LÍDER QUE PUXA O TAPETE (Mateus 26:4)

1. Eles existem e são pessoas desonestas moralmente, intelectualmente e espiritualmente
2. Essa pessoa é um líder fraco na capacidade de liderar
3. Atitudes de uma pessoa na puxada de tapete: ele exclui, fala mal, rouba os créditos dos outros, sempre quer explorar e enganar
4. A desonestidade tem o seu preço diante de Deus
5. Aceitar líderes com esse tipo de postura é esperar para a própria vida um puxão de tapete

628 - O LÍDER QUE PERSEGUE OUTROS LÍDERES (Salmos 55:18)

1. Às vezes a razão da perseguição é porque seus interesses estão ameaçados
2. Geralmente a perseguição é fruto de inveja e despeito
3. Às vezes a perseguição é a única forma liderar desse indivíduo
4. Ele persegue porque na maioria das vezes ele não sabe ser contrariado
5. Às vezes a falta de segurança, ego inchado e arrogância são as razões de atitudes de perseguição

629 - O LÍDER E AS LÁGRIMAS DE CROCODILO (Levítico 19:11)

1. A hipocrisia está em todos os lugares
2. Líderes e liderados que fingem o que não sentem podem ser percebido por pessoas atentas
3. Honestidade no que sente dá credibilidade ao líder
4. Não adianta chorar e continuar fazendo o que é errado de novo
5. O verdadeiro arrependimento encontra-se na atitude de mudança

630 - O LÍDER DEVE LIDERAR SUA VIDA (2 Crônicas 1:10)

1. Líderes devem administrar seu bem-estar mental, físico e espiritual
2. Lidere sua vida financeira
3. Devemos saber liderar a nossa maneira de se relacionar com as pessoas
4. Lidere sua autoconsciência - saiba quem você é e aonde quer chegar
5. Excelência é a maior marca de quem lidera a sua vida

631 - O LÍDER CIUMENTO (Filipenses 1:15)

1. Um líder ciumento faz o trabalho ficar medíocre
2. Um líder ciumento possui incapacidade relacional
3. Um líder ciumento é alguém inseguro
4. Um líder ciumento nunca reconhece ou respeita o trabalho dos outros e quando faz é com muito esforço
5. Seja alguém antenado e atualizado e você nunca sofrerá de ciúmes dentro de sua área de trabalho

632 - O LÍDER QUE ENCANTA (Romanos 14:18)

1. Ele não lidera as pessoas como se estivesse numa guerra
2. Ele não vive culpando as pessoas
3. Ele cria um clima de participação, unidade e alegria
4. Ele é próximo dos seus liderados e respeita as suas individualidades
5. Todos crescem e prosperam sob sua liderança

633 - O LÍDER QUE APENAS REAGE (Provérbios 13:4)

1. Quem não interrompe seu dia a dia para pensar e se organizar nas coisas que irá fazer, vai viver de reação ao que acontece ao seu redor
2. O líder que apenas reage gera stress na liderança
3. Reagir só de momento pode não solucionar o problema
4. Quem define o que vai fazer e como vai tratar de certas situações com antecedência, dificilmente viverá correndo atrás do prejuízo
5. Quem vive só de reação são os preguiçosos que não fazem o dever de casa

634 - O LÍDER E A RESOLUÇÃO DE CONFLITOS (2 Coríntios 7:5)

1. O líder que não busca uma solução para o conflito é omisso
2. O líder que não reprime o conflito no tempo certo causará danos a toda liderança
3. O líder que se nega a resolver o conflito é um inconsequente
4. Cada conflito é um desafio para a liderança e falhar nisso é prejuízo certo
5. Abuse de todos os recursos para solução de um conflito

635 - O LÍDER E A CONDUÇÃO DA REUNIÃO DE UM PEQUENO GRUPO (Marcos 7:1)

1. Organize o conteúdo que será tratado na reunião e treine o que dizer
2. De oportunidade de fala e extraia o melhor dos liderados na reunião
3. De vez em quando antecipe a pauta da reunião para que todos possam refletir sobre o assunto
4. Conduza uma reunião com uma comunicação clara, honesta e dentro de um clima amistoso
5. Mantenha sempre o foco no assunto principal

636 - O LÍDER E A AVALIAÇÃO DA REUNIÃO (2 Reis 6:1)

1. Que todos possam dar sua opinião e avaliação sobre o tema abordado na reunião
2. Que toda a posição tratada na reunião se torne um comprometimento para alinhar valores desajustados
3. Em crises que a reunião seja incentivadora para a quebra de sentimentos amargos
4. Que a cada reunião possamos melhorar as expectativas da equipe rumo à concretização dos objetivos
5. Que cada reunião seja um ambiente restaurador, de paz e cheio da presença de Deus

637 - O LÍDER QUE FALA PARA SER OUVIDO (Atos 4:4)

1. Sua fala não tem o tom de julgamento
2. Sua fala não tem o tom da fofoca
3. Sua fala não tem o tom da negatividade
4. Sua fala não tem o tom das desculpas
5. Sua fala não confunde, esclarece

638 - O LÍDER QUE TEM PERCEPÇÃO (Gênesis 31:2)

1. Ver além da realidade lógica é algo importante, mas que ao mesmo tempo não pode ser explicado no natural
2. Tem coisas que só dá para sentir por meio da percepção espiritual
3. Esta percepção pertence aos que possuem e levam uma vida séria com Deus
4. Revelações e discernimentos são realidades que o Espírito Santo concede ao líder comprometida com Deus
5. A percepção é fundamental na ação do líder principalmente em meio às crises

639 - O LÍDER QUE VALORIZA A PRESENÇA DE DEUS (1 Crônicas 16:11)

1. Ele terá a paz necessária para conduzir seus liderados rumo à vitória
2. A presença de Deus no líder o ajudará a vencer o pecado que tenta destruir sua liderança
3. Ele vive pleno, pois a presença de Deus o ilumina
4. O líder que valoriza a presença de Deus é aquele aprendeu a depender de Deus
5. A valorização da presença de Deus está na rotina espiritual do líder

640 - O LÍDER E O DINHEIRO (Provérbios 11:1)

1. Ele não pode ser corrupto relação dinheiro
2. Ele só compra e gasta o que pode
3. Equilíbrio é o amigo da boa administração financeira
4. O líder vive na realidade e não de ilusão
5. O líder cristão é fiel a Deus

641 - O LÍDER E O DISCURSO PODEROSO (Jó 15:3)

1. Seja honesto e verdadeiro no que você diz
2. Tenha integridade, isso faz o discurso ter valor
3. Tenha amor e paixão no que você diz
4. Seja alguém atualizado e de conteúdo
5. Viva o seu discurso

642 - O LÍDER E O ACOLHIMENTO (Tiago 2:25)

1. O acolhimento é a chave para atrair multidões
2. O acolhimento que realmente funciona é fruto de um planejamento
3. Aquele que não é bem tratado não permanece em lugar algum
4. O acolhimento é fruto de um desenvolvimento pessoal gerado na equipe
5. Quem tem vida com o Espírito Santo torna-se um colhedor de excelência

643 - O LÍDER E O TOM DE VOZ (Gênesis 49:21)

1. Como você fala com as pessoas faz toda diferença
2. Geralmente as pessoas não se lembram do assunto tratado, mas do tom de voz utilizada com elas
3. Sons graves e pausado e são ótimos para manter o interesse das pessoas sobre qualquer assunto, mas não abuse disso
4. Psicólogos afirmam que quando você usa uma voz branda no final das suas argumentações, evita que você pareça agressivo
5. Grave sua voz para praticar tons de fala que lhe ajudem na sua liderança

644 - O LÍDER QUE NÃO PROSPERA (Provérbios 17:20)

01. Liderança desonesta não prospera
02. Liderança injusta não prospera
03. Liderança arrogante e soberba não prospera
04. Liderança sem valores coerentes não prospera
05. Liderança sem uma vida com Deus séria não prospera

645 - O LÍDER CRIA UNIDADE (Efésios 4:13)

1. A visão e missão do líder colaboram na formação da unidade que a liderança necessita
2. Todo o líder tem um preço a pagar pela conquista da unidade
3. A unidade é à força do líder e da liderança
4. Sem unidade dentro da equipe o líder raramente conseguirá avançar
5. Só a unidade gera uma multiplicação sobrenatural

646 - O LÍDER E A SUPERVISÃO (Números 8:22)

1. A supervisão é fundamental para evitar prejuízos de todas as espécies dentro da equipe e da liderança
2. A supervisão é importante para não deixar que situações, processos ou ações espirituais do maligno atrapalhem o trabalho
3. Ela evita rebeliões e maus entendidos
4. Ela contribui no treinamento das pessoas
5. A supervisão não é para oprimir a equipe, mas para gerar saúde e crescimento

647 - O LÍDER QUE INTERCEDE (1 Samuel 7:5)

1. O líder que intercede cria uma intimidade saudável com seus liderados
2. Intercessão libera o amor cristão
3. Intercessão tem a capacidade de gerar confiança
4. A intercessão gera fé e esperança
5. Quem intercede se permite ser quebrantado para a missão que lhe foi concedida

648 - O LÍDER E O TREINAMENTO CONTINUO DE LIDERADOS (Lucas 19:47)

1. O mundo muda e a liderança de ontem não pode ser a mesma para hoje
2. O treinamento contínuo de liderados é importante para manter atualizações na organização
3. Ela contribui para o aumento da produtividade entre os liderados
4. Alinha e corrigir valores que podem estar distorcidos
5. Porque sempre aprendemos uns com os outros

649 - O LÍDER COMO SACERDOTE (1 Reis 13:6)

1. O líder como sacerdote vive a visão de um projeto que vem de Deus
2. Ele faz a interação entre o homem e a vontade de Deus
3. Sacerdotes são tementes a Deus e levam outros a essa realidade
4. Sacerdotes devem ser servos obedientes a Deus e aos seus líderes
5. O líder que assume sua identidade com sacerdote aumenta a sua responsabilidade no mundo espiritual

650 - O LÍDER E O SEU ENTENDIMENTO DE PESSOAS (Provérbios 14:8)

1. Entender pessoas é um bem precioso na vida do líder
2. Se entende pessoas ouvindo
3. Se entende pessoas observando
4. Se entende pessoas respeitando
5. Se entende pessoas fazendo delas uma prioridade

651 - O LÍDER E A CULTURA IMPLANTADA
(Levítico 20:23)

1. Toda a liderança precisa ter uma cultura de trabalho para que possa ser produtiva
2. A cultura implantada fala dos valores adotados pela liderança, a fim de que todos a vivam e ainda seja um influenciador daqueles que virão a fazer parte da equipe
3. Sem uma cultura definida a organização vira um caos
4. A cultura cria a integração entre as equipes por uma mentalidade definida
5. Toda a cultura bem implantada gera produtividade e multiplicação

652 - O LÍDER E AS AÇÕES DO DIA-A-DIA (2 Crônicas 7:16)

1. Ele tem que organizar uma agenda para o dia
2. Deve desenvolver a sua agenda com disciplina
3. Ação do líder no dia a dia deve buscar resolver problemas de curto e médio prazo
4. Treine pessoas para resolver ações no dia a dia
5. Quem sabe administrar as ações do dia a dia terá mais tempo para o estudo pessoal, família e lazer

653 - O LÍDER E OS QUE TÊM MEDO DE LIDERAR (2 Crônicas 1:10)

1. Essas pessoas são frutos de ignorância e mitos falsos implantados no seu coração
2. Muitos paralisam pelas possíveis falhas que poderão cometer ao estarem na liderança - Mas falhas são inevitáveis e eles devem aprender a lidar com isso
3. Muitos deixaram de liderar por causa das suas atitudes de autossabotagem
4. Só se vence o medo de liderar quem entende o desafio que precisa abraçar para ver grandes mudanças no mundo que está ao seu redor
5. Só se vence o medo de liderar liderando

654 - O LÍDER DEVE SER ABERTO AS REVELAÇÕES (2 Coríntios 12:1)

1. Para um líder cristão revelações são coisas sérias e importantes
2. Deus revela a sua vontade aos seus líderes para repassa-la aos liderados a fim de que todos realizem sua vontade
3. Revelações ajudam nas decisões tanto espirituais como materiais
4. Devemos ter cuidado com as falsas revelações – A revelação que vem de Deus não possuí dúvidas ou erros
5. Não dependa somente de revelações, faça o seu melhor

655 - O LÍDER E A MALEDICÊNCIA (1 Pedro 2:1)

1. Ele fala mal de todos
2. Ele pensa maldade de todos
3. Satanás usa sua mente
4. Os líderes sem a mentalidade cristã viverão na mentalidade da carne e da malignidade

5. O líder cristão deve ser primeiramente benigno nos seus pensamentos e só depois ele deve avaliar as situações de forma diferente

656 - O LÍDER DE CORAÇÃO AMARGURADO (Salmos 69:29)

1. Ele é um líder ferido por alguma palavra, atitude ou desafeto
2. Amargura leva o homem a ser na maioria das vezes áspero e maligno
3. Ele contamina o ambiente e as pessoas com sua amargura
4. Amargura atrapalha qualquer produtividade em termos de liderança
5. Amargura se cura com amor, libertação, equilíbrio emocional e espiritual

657 - O LÍDER E A OBSTINAÇÃO (Juízes 2:19)

1. Obstinação pode ser aceitável no sentido de fazer o bem
2. Obstinação que recusa adaptações e destrutiva
3. Obstinação em não querer servir é um grande mal na liderança
4. Obstinação maligna é autodestrutiva na vida de uma pessoa
5. Obstinação faz da pessoa dona da razão

658 - O LÍDER CÚMPLICE DO PECADO (Efésios 5:11)

1. O líder de excelência não pode ser cúmplice do pecado de seus liderados
2. Todo o líder deve tratar o pecado com sabedoria evitando sempre os escândalos
3. O líder cúmplice do pecado atrai maldições para sua vida
4. Diante de Deus tudo cúmplice torna-se participante do pecado
5. O amor não lhe autoriza a ser cúmplice do pecado

659 - O LÍDER INDIFERENTE (Marcos 12:10)

1. O líder sabota sua própria liderança com sua atitude indiferente
2. Indiferença prejudica o ânimo da equipe
3. O indiferente não inspira ninguém
4. A indiferença na liderança gera distância entre liderados
5. A indiferença em longo prazo gera rebelião

660 - O LÍDER TEM QUE TRABALHAR POR FRUTOS (Levítico 25:3)

1. Tanto no mundo material quanto no mundo espiritual frutos são importantes
2. Não importa o seu talento, inteligência e capacidade são os resultados que contam no final das contas
3. Os resultados são frutos de alguém que realmente está exercendo uma liderança prática
4. Seus frutos são também resultados da arte de se relacionar bem
5. Frutos são resultados de autoavaliação, mudanças e crescimento pessoal

661 - O LÍDER LIDERA ONDE TEM PESSOAS (1 Samuel 17:1)

1. Uma liderança eficaz está onde o povo está
2. Não lideramos isolados
3. A vitória de nossos objetivos está em nossa liderança entre o povo
4. Quem despreza o povo cai na sua habilidade de liderar
5. A prova de sua liderança está no povo que você lidera

662 - O LÍDER CONFRONTA SEM OFENDER (2 Crônicas 28:12)

1. Reflita com os liderados sobre as consequências de atitudes e faça-os pensarem sobre isso
2. Procure confrontar as pessoas conforme a personalidade de cada um
3. Pergunte, elogie e depois confronte. Evite o "mas"
4. Cuidado com o tom de voz
5. Tenha clareza e convicção do que você vai tratar quando for confrontar liderados

663 - O LÍDER E A RESISTÊNCIA (2 Crônicas 13:7)

1. Saiba sempre com quem você está lidando, se é um rebelde, um mal-informado ou um ignorante
2. Medo do desconhecido gera resistência por isso todo líder precisa ser claro naquilo que está exercendo na sua liderança
3. Antes de qualquer mudança seja primeiramente aceito entre liderados
4. Quanto mais preparado você for, mais capacidade você terá para lidar com as resistências
5. Caráter, sabedoria e argumentos válidos quebram resistências

664 - O LÍDER E AS PESSOAS QUE CANSAM (Isaías 40:30)

1. Pessoas que cansam são aqueles que não aprendem a visão
2. Pessoas que cansam são aquelas que só sabem questionar e reclamar
3. Pessoas hipócritas e dissimuladas cansam
4. Pessoas cansadas dão prejuízos
5. Pessoas cansadas tornam-se desrespeitosas

665 - O LÍDER DE RABO PRESO (Êxodo 32:4)

1. Ele não tem liberdade para falar o que tem que ser falado
2. Ele tem um mau testemunho, mas isto está oculto
3. Ele não possui autoridade do Espírito Santo e todos notam
4. Ele é hipócrita
5. Geralmente ele está nas mãos dos outros

666 - O LÍDER CRIA BASE (Juízes 9:26)

1. Cria-se base pela confiança
2. Cria-se base pelos valores adotados
3. Cria-se base pelo processo vivido
4. Cria-se base por meio de crescimento pessoal
5. Sem uma base formada o líder não chegará a lugar algum

667 - O LÍDER E O TEMPO PARA TUDO (Eclesiastes 3:1)

1. O líder precisa tirar tempo para o aprendizado pessoal
2. O líder precisa ter tempo para se relacionar com a liderança
3. Ele precisa organizar seu tempo para montar estratégias
4. Ele precisa de tempo para também executar as estratégias planejadas
5. Quem não é organizado com seu tempo, o próprio passar do tempo destruirá seus sonhos

668 - O LÍDER DESENVOLVE AUTORIDADE (Gênesis 41:41)

1. Autoridade se conquista com influência
2. Autoridade se conquista com boa administração
3. Autoridade se conquista com humildade e respeito pelas pessoas
4. Autoridade se conquista com bom senso e honestidade
5. Autoridade se conquista investindo em pessoas

669 - O LÍDER E AS PORTAS FECHADAS (Josué 6:1)

1. As portas estão fechadas por há líderes que não se valorizam
2. As portas estão fechadas porque pode não ser o tempo certo de abri-las
3. As portas estão fechadas porque também não sabemos persistir
4. As portas estão fechadas porque existe uma chave para cada tipo de porta
5. As portas estão fechadas porque talvez seja uma forma de Deus levar o líder a outros caminhos

670 - O LÍDER QUE FAZ ALIANÇA (Gênesis 31:44)

1. Líderes precisam ser aliançados com pessoas e líderes superiores
2. Quem não faz alianças não tem compromisso com ninguém
3. Quem faz aliança tem que ter sabedoria para alinhar valores e visões
4. Quem faz aliança se fortalece
5. Só quem não tem visão de liderança despreza as oportunidades de alianças benéficas

671 - O LÍDER DEVE VENCER A REJEIÇÃO (Romanos 11:15)

1. Esta é uma situação inevitável não podemos agradar a todos
2. Apegue-se aos seus valores e ao seu valor e não a rejeição que recebeu

3. A rejeição tem o seu lado bom: ela lhe dá a oportunidade de superação
4. Não desconte em ninguém as rejeições pelas quais você passa
5. Rejeição não é derrota para quem sabe seu valor e põe a mão na massa

672 - O LÍDER NÃO DESPREZA NINGUÉM (Lucas 17:12)

1. Todos possuem potencial inclusive os inimigos
2. Os inimigos esperam apenas um vacilo seu
3. Seu aprimoramento e capacitação lhe assegura vantagens sobre seu inimigo
4. Construa suas bases hoje e espere liderar com inimigos no seu pé
5. Os inimigos estão em toda parte e às vezes eles estão entre os mais conhecidos

673 - O LÍDER MELINDROSO (Provérbios 24:10)

1. O melindroso não aceita receber tratamento porque fica ressentido
2. Vitimismo é evidente na vida do melindroso
3. O melindroso geralmente é indisciplinado
4. O melindroso geralmente não tratar os problemas da forma correta e clara
5. O melindroso geralmente é falso e ingrato, pois ele é egoísta

674 - O LÍDER E O CUIDADO COM A PRESUNÇÃO (Salmos 10:4)

1. A presunção destrói sonhos e projetos
2. A presunção faz você perder a sua influência entre as pessoas
3. A presunção não é coragem e nem capacidade de liderar, mas a incapacidade de ouvir orientações coerentes e de ser humilde
4. O presunçoso não é tratável e isso só o destrói
5. O presunçoso deixa de observar e respeitar os limites de sua liderança

675 - O LÍDER E A LEGALIDADE (Eclesiastes 11:7)

1. Viver em legalidade deve ser o objetivo da liderança do líder
2. A legalidade da liberdade de ação – essa legalidade agrada o criador ?
3. O mundo tem a sua legalidade e o cristão vive no padrão de Deus
4. Quando o líder cristão vive a legalidade do mundo ele se prejudica
5. A legalidade saudável é uma responsabilidade que devemos saber usar

676 - O LÍDER QUE GERA ENCARGOS

1. Ele motiva as pessoas para viver com amor a função que ele foi delegado
2. Ele faz as pessoas entenderem a importância de sua função para que todos colaborem no objetivo da visão
3. Ele ouve a todos e prática as ideias dos liderados que se destacam
4. Ele gera responsabilidade nas pessoas e não apenas o dever de fazer
5. Só pessoas que entendem o valor do encargo fazem o trabalho crescer

677 - O LÍDER E AS COMPETIÇÕES

1. Competir é para quem tem ego grande é quer demonstrar que é melhor
2. Competir ao contrário do que muita gente acredita ela cria desunião
3. Competir pode criar parcerias egoístas
4. Competir em longo prazo gera desânimo e falta de motivação
5. A competição mais saudável é a que fazemos com nós mesmos

678 - O LÍDER SENSÍVEL A DEUS (Isaías 6:8)

1. Ele está atento ao que Deus quer para sua vida e a vida do seu povo
2. Ele se permite quebrantar-se com a vontade de Deus
3. Ele está disposto a fazer o que Deus quer que ele faça
4. Ele se permite aprender com Deus por meio de seu Espírito Santo e da palavra
5. O líder sensível a Deus não dá ouvidos a vozes estranhas e a doutrinas erradas

679 - O LÍDER NÃO É BABÁ (Salmos 108:10)

1. Uma coisa é orientar a vida das pessoas e outra é ser babá
2. O líder não tem responsabilidade de ser babá de ninguém
3. Quem passa da responsabilidade de orientar não um líder é um enxerido
4. O líder oferece estratégias e orientações e não um colo de babá
5. O líder deve ser um professor e o liderado deve viver o ensinado

680 - O LÍDER E A ISCA CERTA (Êxodo 1:10)

1. O líder precisa estar atento para observar qual isca deverá usar em prol do seu projeto
2. Como temos discernido as estratégias para o nosso projeto?
3. Devemos entender que para cada projeto há uma isca certa
4. Quem não sabe usar a isca certa vai perder tempo
5. Não se canse de sempre está buscando novas iscas para a realização de seus projetos

681 - O LÍDER ADMINISTRADOR (Gênesis 41:48)

1. Ele sabe que não pode fugir das responsabilidades administrativas que possui
2. Administrar e liderar não estão desassociados
3. Liderar também requer ter conhecimento de administração
4. Liderar é saber ser habilidoso na administração
5. Liderar é querer fazer a administração acontecer

682 - O LÍDER IDENTIFICA LÍDERES (Números 11:16)

1. Ele reconhece o potencial de liderança em outras pessoas
2. Os que possuem a mesma mentalidade se atraem
3. Verdadeiros líderes sempre estão à procura de outros líderes

4. O líder que é líder sabe que o seu valor está em se multiplicar
5. O verdadeiro líder ele sempre tem um olhar aguçado para identificar potenciais líderes

683 - O LÍDER E A IDENTIDADE (Marcos 6:54)

1. Sua identidade está nos valores que ele adota
2. Sua identidade se identificar com as atitudes que ele toma
3. Sua identidade atrai as pessoas com quem você se relaciona
4. Sua identidade se aperfeiçoa no desenvolvimento pessoal
5. Sua identidade toca nos resultados gerados

684 - O LÍDER PASSA A VISÃO (Mateus 4:23)

1. Passa com convicção
2. Passa com paixão
3. Passa estrategicamente
4. Passando a visão diariamente entre os liderados
5. Ele passa a visão para o máximo de pessoas

685 - O LÍDER HEDONISTA (Provérbios 21:17)

1. Ele só lidera o que lhe dá prazer
2. Se o que ele lidera está lhe causando dor ele desisti
3. O líder hedonista não entra em conflito com as realidades desse mundo carnal
4. Ele só quer estar nos lugares prazerosos da espiritualidade, mas não vem lavar o banheiro do templo
5. Geralmente líderes hedonistas não servem e dificilmente conseguem cumprir a sua missão

686 - O LÍDER E A DIFERENÇA ENTRE DOMÍNIO E AUTORIDADE (Jó 6:23)

1. Domínio e autoridade não são semelhantes
2. Autoridade é conquistada pela influência, pela competência, pelo exemplo e amor ao que faz
3. O domínio pode ser exercido sem exemplo ou influência desde que haja uma estrutura para isso
4. O domínio agride o ser humano e esse tipo de liderança nem sempre é obedecido
5. Quem tem autoridade influencia gerando uma obediência prazerosa

687 - O LÍDER QUE NÃO DELEGA RESPONSABILIDADES (2 Samuel 5:11)

1. Ele é o tipo de pessoa que toma toda responsabilidade para si próprio
2. Ele não confia nas pessoas
3. Ele é perfeccionista e não aceita falhas
4. Não possui paciência para aprendizes

5. Nada de significativo cresce sem pessoas delegadas

688 - O LÍDER ENTREGA RELATÓRIOS (2 Reis 22:9)

1. Relatórios existem em todas as instituições
2. Sem relatórios não poderemos avaliar o desempenho do trabalho que estamos realizando
3. Relatórios nos ajudam a avaliar ameaças e a identificar erros
4. Sem os relatórios não podemos montar estratégias
5. Não entregar relatórios é aceitar ficar cego para a realidade

689 - O LÍDER E A LEI DA PREVENÇÃO (Marcos 8:15)

1. A prevenção evita prejuízos
2. A prevenção evita perda de tempo
3. A prevenção identifica pessoas desonestas
4. A prevenção ajuda na solução de problemas
5. A prevenção contribui para grandes resultados

690 - O LÍDER E A OMISSÃO (Mateus 23:23)

1. Existem muitos líderes omissos
2. Muitos estão omissos ao dever de ajudar o próximo
3. Muitos estão omissos na resolução e identificação de problemas
4. Muitos estão omissos ao seu próprio crescimento espiritual e pessoal
5. A omissão é uma falha de caráter que precisa ser corrigido

691 - O LÍDER QUE SE FAZ CONHECIDO (Atos 9:42)

1. Sabe se divulgar nas redes sociais
2. Sabe se relacionar com as pessoas
3. Sabe se vender
4. Sabe como se apresentar
5. Busca está nos lugares de forma estratégica

692 - O LÍDER DISCRETO E CONFIÁVEL (Lucas 19:17)

1. O líder de bom caráter se faz confiável
2. O líder de bom caráter não tem dificuldades em ser discreto
3. O líder discreto e confiável conquista credibilidade para falar na vida dos seus liderados
4. O líder discreto e de confiança não se mistura com coisas erradas
5. O líder discreto e confiável sabe lidar com sabedoria diante das informações que recebe

693 - O LÍDER E O CALOR DO MOMENTO (Números 16:15)

1. Ele deve manter a calma diante de situações complexas
2. Ele deve evitar falar o que vai ferir o próximo
3. Busque outro momento para as conversas se a situação perdeu o respeito
4. Nunca esqueça a reputação que você carrega
5. Em qualquer diálogo leve pessoas de sua confiança para lhe ajudarem a ser calmo e testemunhas dos seus atos

694 - O LÍDER APROXIMA PESSOAS (Jeremias 41:1)

1. Aproxima pessoas pelo carisma
2. Aproxima pessoas pela boa palavra
3. Aproxima pessoas pelo solidarismo
4. Aproxima pessoas pela visão e propósito
5. Aproxima pessoas pela liderança séria e honesta

695 - O LÍDER DEVE SE ESFORÇAR PARA CONHECER PESSOAS (Ester 3:1)

1. O líder deve estar disposto a se relacionar com pessoas
2. Conhecer quem são as pessoas é uma responsabilidade do líder
3. Ele ouve as pessoas com interesse
4. Ele se importa com as pessoas e não apenas finge
5. Ele cria ambientes de relacionamentos

696 - O LÍDER QUE PROTEGE SEUS LIDERADOS (Números 26:65)

1. Todo o líder deve entender que seus liderados são a sua força
2. Proteja seus liderados diante de adversidades necessárias
3. As decisões de um líder devem preservar seus liderados de prejuízos
4. O respeito cria um ambiente de proteção na liderança que você exerce
5. Proteger os liderados na medida certa garante um futuro de sucesso dentro da estrutura que você administra

697 - O LÍDER ATENTO AS NECESSIDADES (Romanos 12:13)

1. Estar atento a tudo e a todos é algo que não se delega por completo
2. Existem necessidades que podem passar despercebido por nós - atenção faz a diferença
3. Estar atento evita grandes prejuízos
4. Estar atento prevê necessidade
5. Estar atento te faz excelente

698 - O LÍDER CONSTRÓI VALORES (Filipenses 2:22)

1. O líder define valores e escolhe os melhores para aplicar na sua liderança
2. Não se pode liderar sem valores definidos
3. Valores errados geram grandes prejuízos
4. Valores moldam a vida dos liderados e os preparam para grandes feitos
5. Não apenas fale de valores, viva os valores

699 - O LÍDER E A FORÇA MALIGNA (Salmos 41:8)

1. Ela é real, mas muitos a menosprezam
2. A força maligna age por meio de situações
3. Ela age na vida de liderados para atingir o líder
4. Visão pequena não rompe com força do maligno
5. Toda a malignidade causa prejuízos para liderança e por isso ela deve ser combatida

700 - O LÍDER QUE VISITA (Lucas 10:5)

1. As visitas não devem ser demoradas
2. Sempre deixe as pessoas avisadas das visitas
3. Visite com roupas adequadas e cheirosas
4. Nunca vá sozinho
5. Cada visita tem que ter seu propósito

701 - O LÍDER E A POSSE (Marcos 10:45)

1. O líder cristão não é dono de nada ele é apenas um servo que zela por aquilo que não é seu
2. O sentimento de posse é uma arrogância do líder
3. O sentimento de posse é uma ação maligna na alma
4. O sentimento de posse cria divisões e contendas
5. O sentimento de posse afronta o Deus que tudo possuí

702 - O LÍDER QUE FICOU PRESO A UMA SÓ VISÃO DE MUNDO (2 Reis 17:14)

1. Ele parou de aprender
2. Ele acredita que não precisa prestar contas a ninguém
3. Não está disposto a mudanças
4. Ele acha-se infalível
5. Ele acredita que sua visão de mundo não precisa de adaptações e atualizações

703 - O LÍDER INSATISFEITO (2 Coríntios 4:8)

1. Ele sempre se encontra insatisfeito com tudo
2. Ele possui sentimentos amargos que devem ser tratados

3. Ele perdeu a visão
4. Ele é uma presa fácil para intrigas e rebelião
5. O insatisfeito fica tratado quando encontra um propósito de vida

704 - O LÍDER E A ILEGALIDADE (Miquéias 6:11)

1. A ilegalidade acontece por causa de líder permissivo
2. A ilegalidade acontece por causa de líder corrupto
3. A ilegalidade acontece por causa de líder hipócrita e sem caráter
4. A ilegalidade acontece por causa de líder que tem um preço
5. Cedo ou tarde a casa cai

705 - O LÍDER E O BAJULADOR (Salmos 12:2)

1. O bajulador só fala o que agrada
2. O bajulador omite a verdade para não ofender sua vítima
3. O bajulador sempre fala mal pelas costas
4. O bajulador sempre está interessado em algo de sua vítima
5. Bajulador só existe na vida de quem tem posição, dinheiro ou influência

706 - O LÍDER QUE POSSUI MOTIVOS CERTOS (2 Crônicas 31:20)

1. Lidera por amor
2. Lidera por valores da fé cristã
3. Lidera pelos motivos corretos
4. Lidera porque tem convicção do seu dever
5. Lidera para fazer a diferença

707 - O LÍDER QUE MUDA A FORMA DE COMO AS COISAS SÃO (1 Crônicas 11:8)

1. O líder muda as coisas pela sua influência
2. O líder muda coisas pela sua postura diante das crises
3. O líder muda as coisas pela sua capacidade de estratégia
4. O líder muda as coisas pela sua capacidade de se relacionar com as pessoas
5. O líder muda as coisas porque aprendeu a liderar de verdade

708 - O LÍDER E A VIDA DUPLA (Levítico 19:11)

1. A vida dupla é uma cilada destruidora na vida do líder
2. A vida dupla destrói finanças
3. A vida dupla destrói a família
4. A vida dupla destrói a reputação e a moral do líder
5. A vida dupla nunca dura para sempre

709 - O LÍDER QUE DA LIBERDADE PARA OS OUTROS SEREM VERDADEIROS (Josué 7:20)

1. O comportamento honesto atraí pessoas verdadeiras
2. Aprecie as pessoas verdadeiras que lhe cercam
3. Lide com amor e justiça quando as pessoas que são verdadeiras diante dos seus erros
4. Seja um líder verdadeiro isso irá gerar liderados verdadeiros
5. A verdade dói, mas é libertadora

710 - O LÍDER E AS RECOEDAÇÕES PARA SAÚDE MENTAL (2 Coríntios 4:8)

1. Está em dia com o descanso e a alimentação saudável
2. Está em dia com a sua leitura
3. Está em dia no seu relacionamento com sua família
4. Está em dia com a sua vida espiritual
5. Está em paz diante dos problemas

711 - O LÍDER E A INTEGRIDADE COM O DINHEIRO (Miquéias 6:11)

1. Ele não deve ter problemas para fazer prestação de contas
2. Ele deve ser realista quanto às necessidades
3. Deve ser transparente
4. Delega para pessoas qualificadas a administração dos recursos quando ele não da conta
5. O fracasso de uma grande liderança está também e não saber administrar o dinheiro

712 - O LÍDER QUE NÃO SE SENTE REALIZADO (Judas 16)

1. Ele se sente não realizado por viver fora de seu chamado de vida
2. Ele precisa reciclar-se sempre
3. Ele tem que entender que tudo é um processo e nada é fácil
4. Lidar com sentimentos amargos é algo que cada líder precisa lidar de maneira saudável
5. Mudanças são inevitáveis para realização pessoal

713 - O LÍDER INSPIRA A SI MESMO (2 Crônicas 25:11)

1. Quando ele olha para suas lutas a alegria o contagia
2. Quando ele olha para os seus frutos motiva-se
3. Quando ele entende que a vida tem seus altos e baixos e não desanima
4. Ele inspira-se a si mesmo quando ele sempre está atualizado
5. Sua intimidade com Deus o inspira

714 - O LÍDER E A VISÃO GLOBAL (Gênesis 22:4)

1. Ele olhar para todos os ângulos de uma situação
2. Ele pensa de forma coletiva no propósito de ver soluções
3. Uma visão global não ficar preso a um único conceito
4. Visão global exige discernimento
5. A visão global requer ser informado

715 - O LÍDER E A DEFINIÇÃO DE PAPEÍS NA EQUIPE (1 Samuel 11:11)

1. Um líder deve saber encaixar cada liderado dentro da visão de trabalho
2. Não saber o encaixe de cada liderado é arcar com prejuízos
3. A definição de papéis e o resultado do líder que sabe o que quer
4. Sempre damos o nosso melhor quando estamos em nosso encaixe
5. A excelência ou a mediocridade estão no encaixe das pessoas dentro de uma equipe de trabalho

716 - O LÍDER QUE FALA COM INSPIRAÇÃO (2 Coríntios 9:2)

1. Fala com verdade
2. Fala com paixão
3. Fala com convicção
4. Fale com entendimento
5. Fale com empolgação

717 - O LÍDER SIMPLIFICA (Capítulo 6:3)

1. Simplifica para ser mais bem entendido
2. Simplifica sem prejudicar a verdade que está sendo passada
3. Simplifica para vencer os questionamentos
4. O líder simplifica para obter dinamismo
5. Simplificar e ser popular entre as pessoas

718 - O LÍDER PERSEGUIDOR (1 Timóteo 1:13)

1. Ele persegue a todos aqueles que não o permitem ter controle de tudo
2. Ele persegue muitas vezes porque é ansioso e quer tudo para ontem
3. Ele persegue porque gosta de exibir que tem poder
4. Persegue muitas vezes por que é inconstante e vive mudando as coisas, ainda quer que tudo funcione rápido e que tudo dê certo
5. Ele persegue aquele que não faz a sua vida ficar fácil

719 - O LÍDER QUE REÚNE COM A EQUIPE (Josué 24:1)

1. A reunião alinha valores
2. A reunião criar estratégias
3. A reunião organizar ideias

4. A reunião motiva as ideias
5. A reunião é para ouvir e avaliar o desempenho

720 - O LÍDER PRECISA DE UMA PRESENÇA VIVA MESMO QUANDO NÃO ESTÁ PRESENTE (Deuteronômio 4:14)

1. Ele pode ser uma presença viva por meio dos valores que ele adota na organização
2. Ele pode ser uma presença viva por meio de suas metas traçadas na liderança
3. Ele pode ser uma presença viva por meio da lealdade conquistada entre os liderados
4. Ele pode ser uma presença viva por meio de sua autoridade respeitada
5. Ele pode ser uma presença viva por meio de sua supervisão delegada a outros liderados

721 - O LÍDER E OS SEUS INTERESSES PARTICULARES (Romanos 9:18)

1. Os interesses pessoais do líder não podem estar acima da visão adotada e dos liderados – Isso pode gerar injustiças
2. Uma falsa liderança sempre lidera por interesses pessoais e egoístas
3. Nada fica oculto por muito tempo, intenções do coração sempre se revelam
4. Quem só lidera por interesses colhe resultados medíocres
5. A deslealdade de liderados é o fruto de uma liderança coordenada por interesses

722 - O LÍDER ATENTO AS TENTAÇÕES (Mateus 26:41)

1. A tentação não é brincadeira
2. A tentação é um convite para denegrir a moral e os bons costumes do líder
3. A tentação só é vencida pelo líder com submissão e intimidade com Deus
4. Trabalhe o caráter e lute contra as tentações
5. Tentações são inevitáveis, mas lutar contra ela é um dever do líder

723 - O LÍDER E AS DECEPÇÕES (Marcos 3:19)

1. Em termos de liderança isso é mais comum do que se possa imaginar
2. Não exagerem nas expectativas as pessoas sempre podem falhar
3. Cuidado com a amargura aprenda a perdoar
4. Não permita que as decepções lhe arranque a energia, foco e produtividade
5. Quem não honra a sua história e não a respeita não merece seu reconhecimento

724 - O LÍDER E A TENACIDADE (Filipenses 2:22)

1. Tenacidade fala de uma pessoa forte
2. Forte para manter o caráter
3. Forte para manter seus valores e posições
4. Forte para não se corromper
5. Forte para mudar o que tem que ser mudado

725 - O LÍDER A MODA ANTIGA NÃO SOBREVIVE (Romanos 12:2)

1. Não sobrevive as mudanças dos tempos
2. Não acompanha o ritmo das informações
3. Não conquista a empatia de um povo contextualizado
4. Não consegue se conectar as realidades do tempo atual
5. Perde influência por causa uma mentalidade retrógrada

726 - O LÍDER QUE SE ACHA ACIMA DE TODOS (Provérbios 16: 18)

1. Sua arrogância o destruirá
2. Sua prepotência gera uma moralidade pobre
3. Seu autoengano o levará a diversos erros
4. Autossuficiência não fará um bom líder
5. Sua postura não conquistará carisma diante dos liderados

727 - O LÍDER CONTROLA O STRESS (2 Crônicas 26:20)

1. Liderança de excelência exige muito do líder
2. Tenha a sua saúde em dias para lidar com o stress
3. Busque momentos de lazer para desintoxicar a sua mente
4. Não aceite perder seu equilíbrio por causa de situações adversas
5. Ame o que você faz e você não terá dificuldades para vencer o stress que a liderança causa

728 - O LÍDER COMEMORA O SUCESSO (Gênesis 43:34)

1. Festeje o sucesso com os liderados
2. Festeje o sucesso com sua família
3. Festeja o sucesso com os liderados de ponta
4. Festejar é honrar o esforço de todos
5. Quando festejamos aumentamos as expectativas para os próximos desafios

729 - O LÍDER E AS CRÍTICAS CONSTRUTIVAS (Mateus 8:26)

1. Não existem críticas construtivas, toda crítica é crítica
2. Agora devemos avaliar o grau de malignidade das críticas
3. Aprenda o que der para aprender com as críticas e o resto joga-se fora
4. Nunca se abale com as críticas
5. Viva acima das críticas (Este não é um conselho fácil)

730 - O LÍDER EMPRESTA A SUA REPUTAÇÃO (1 Samuel 23:16)

1. Dando aos novatos oportunidades para ensiná-los
2. Falando bem de suas qualidades
3. Investindo em seus talentos
4. Emprestando o seu prestígio

5. Emprestar reputação sempre será um risco a ser encarado, mas tem que ser feito

732 - O LÍDER E OS SINAIS DO FRACASSO (2 Crônicas 28:23)

1. Sinal - Baixo padrão moral
2. Sinal - Desânimo ou apatia
3. Sinal - Rebeldia
4. Sinal - Incoerência com a mensagem que prega
5. Sinal - Afastamento

733 - O LÍDER QUE MAIS SERVE LIDERA (Lucas 22:27)

1. Liderar é ser servo de todos
2. A diferença de resultados está entre o líder que serve do líder que explora
3. O líder que explora sempre será identificado pelos liderados
4. O maior inimigo do líder que serve é o ego e só servimos se vencermos o ego
5. A liderança de Jesus foi uma liderança servidora

734 - O LÍDER BUSCA DESEMPENHO (2 Coríntios 8:19)

1. Desempenho é resultado de metas claras
2. Desempenho é resultado de pessoas motivadas
3. Desempenho é resultado de pessoas competentes
4. Desempenho é resultado de pessoas bem lideradas
5. Desempenho é o ápice de uma boa liderança

735 - O LÍDER E A ANIMAÇÃO (Filipenses 2:19)

1. Ela acontece quando todos acreditam e compram a visão
2. Ela acontece quando todos trabalham em prol da realização do objetivo
3. Ela acontece quando o líder cria um ambiente saudável na liderança
4. Ela acontece quando a linguagem do líder motiva a todos
5. Ela acontece na perspectiva da grande comemoração

736 - O LÍDER ESTABELECE O TOM (1 Reis 21:4)

1. É o líder que estabelece o tom do ambiente
2. É o líder que estabelece o tom de suas mensagens
3. É o líder que estabelece o tom que vai usar nos seus relacionamentos
4. É o líder que estabelece o tom da motivação
5. É o líder que estabelece o tom da imagem que quer passar

737 - O LÍDER COMO ÁGUIA (Jó 39:27)

1. Ela voa alto - Capacidade de criatividade
2. Ela enxerga longe - Capacidade de ter uma visão diferenciada
3. Ela ataca com garras afiadas – Capacidade de lutar pelos seus objetivos

4. Ela é imponente – Capacidade de ter uma imagem firme diante das dificuldades
5. Ela renova suas penas - Capacidade de renovar e atualizar

738 - O LÍDER DEVE CERCAR-SE DE LIDERADOS CRIATIVOS E COMUNICATIVOS (1 Timóteo 6:18)

1. Um líder não é obrigado a ter vários talentos
2. Um líder não criativo deve cercar-se de liderados criativos
3. Um líder não comunicativo deve cercar-se de liderados comunicativos
4. Um líder deve honrar e valorizar as pessoas que emprestam seus talentos a causa adotada
5. Criatividade e comunicação são armas poderosas

739 - O LÍDER QUE EXAMINA A SI MESMO (Provérbios 28:11)

1. Ele coloca sobre controle seu ego
2. Sabe identificar seus erros de liderança
3. Avalia o que deve melhorar na sua conduta moral
4. Ele sabe que deve atualizar-se para não cair na mediocridade
5. Ele sabe que deve melhorar como ser humano a fim de influenciar pessoas

740 - O LÍDER E O CUIDADO COM AS AMIZADES DO SEXO OPOSTO (1 Tessalonicenses 4:3)

1. Deve evita andar sozinho com sexo oposto
2. Deve evitar conversas longas por redes sociais
3. Deve evita situações que podem danificar sua imagem
4. Deve evita ciúmes do companheiro por causa do sexo oposto
5. Todo cuidado é saudável como se fala do sexo oposto

741 - O LÍDER E O CUIDADO COM A IRA (Efésios 4:26)

1. O líder deve evitar diversas formas a manifestação da ira
2. Não tome decisões quando você estiver irado
3. O controle da ira evitará que você se arrependa de suas falas
4. A ira quando má administrada pode causar prejuízos físicos e psicológicos
5. A ira pode sabotar seu futuro

742 - O LÍDER E SUA CONDUTA DIANTE DA HOMOSSEXUALIDADE (2 Tessalonicenses 3:5)

1. Devem-se respeitar as diferenças
2. O líder cristão deve colocar-se no seu papel – Mensageiro de boas novas
3. O líder lidera todos os tipos de pessoas
4. O líder cristão deve liderar para resgatar com sabedorias os perdidos
5. A liderança cristã pode influenciar a mudança das pessoas

743 - O LÍDER EVITA PERDE LIDERADOS (Números 16:49)

1. Não perder ninguém da equipe é uma meta difícil de ser praticada
2. Uma liderança coerente ajuda a não perder ninguém
3. Uma liderança que valoriza e cuida dos liderados dificilmente os perderá com facilidade
4. Uma liderança que doutrina e esclarece raramente perderá liderados
5. Raramente se perde pessoas em um ambiente de amor e aprendizado

744 - O LÍDER E A IMPORTÂNCIA DO PERDÃO (Marcos 11:25)

1. Sentimentos amargos são uma das principais consequências da falta de perdão
2. Sentimentos amargos te desconectam de uma liderança justa e imparcial
3. O perdão te faz recuperar bons líderes que merecem uma 2°chance
4. O perdão te ajuda a ser livre
5. O perdão deve ser liberado, mas o relacionamento pode ser uma opção a ser pensada

745 - O LÍDER E O SUCESSO QUE SUBIU A CABEÇA (Provérbios 21.24)

1. Eles assumem um espírito de soberba e arrogância
2. Deixam de servir
3. Deixam de obedecer e caem na rebeldia
4. Deixam de valorizar os outros
5. Deixam de crescer como pessoa e líder

746 - O LÍDER E O MARXISMO CULTURAL (Gálatas 5:9)

1. Essa visão alimenta a divisão de classes - todos contra todos
2. Cria a cultura do vitimismo
3. Alimenta a rebeldia contra a liderança
4. Promove a distorção de valores cristãos
5. Controle é tudo e você perde o seu valor de opinião e livre arbítrio

747 - O LÍDER NÃO DEVE FERIR A CONSCIÊNCIA DAS PESSOAS (1 Coríntios 8:12)

1. O líder deve evitar ferir de forma trágica a consciência das pessoas
2. O líder deve influenciar a consciência
3. A imposição na consciência nunca gera liderados verdadeiros
4. Consciência enganada deve ser esclarecida com sabedoria e estratégia
5. Uma consciência liberta sem traumas é prêmio de uma liderança bem-sucedida

748 - O LÍDER NÃO É A PROVA DE ERROS (Provérbios 12:26)

1. Todo o líder pode errar
2. Um mal exemplo pode ser fatal, mas continuar dando mal exemplo é pior ainda

3. O pecado gera erros
4. O desespero gera erros
5. Humildade e arrependimento são fundamentais para consertar erros

749 - O LÍDER E A INTEGRIDADE INTELECTUAL (1 Timóteo 1:5)

1. Integridade intelectual fala de ter compromisso com a verdade
2. É ter compromisso em falar baseado em informações autênticas
3. Não manipular as informações para agradar suas opiniões pessoais
4. Busca lê conteúdos com informações de fontes autênticas
5. Assumir a responsabilidade de manter a integridade intelectual

750 - O LÍDER MANDA COM LIMITES (1 Reis 9:23)

1. O líder deve mandar com limites morais
2. O líder deve mandar com os limites dos seus superiores
3. O líder deve mandar sabendo que ele não pode tudo
4. O líder que respeita limites terá liderados féis e confiáveis
5. Toda a organização deve ter limites claros, pois são os limites que protegem os liderados de líderes corrompidos

751 - O LÍDER E O ENGAJAMENTO (Salmos 28:4)

1. Engajamento é um grande desafio para todos os líderes
2. Engajamento é fazer as pessoas trabalharem juntas e motivadas na visão do líder
3. As atitudes do líder geram ou não engajamento?
4. Engajamento vem do entendimento da missão aliada à motivação
5. A relevância que o líder dá para os liderados gera engajamento

752 - O LÍDER E O CUIDADO COM AS DECLARAÇÕES (Provérbios 25:23)

1. Declarações geram realidades - Existe poder nas palavras
2. Ao fazer declarações estamos nos comprometendo
3. Seja o primeiro a viver as palavras que você declara
4. Tenha certeza e depois faça suas declarações
5. Vivemos em um mundo onde palavras geram processos

753 - O LÍDER E A IMPORTÂNCIA DOS DETALHES (Salmos 94:9)

1. Ser detalhista não é uma chatice, é uma forma de sobreviver nesse mundo globalizado
2. Detalhes podem mudar nossas decisões
3. São nos detalhes que pessoas falsas e hipócritas são desmascaradas
4. São nos detalhes que mentiras são descobertas
5. Pessoas detalhistas dificilmente colhem prejuízos

754 - O LÍDER E O USO DAS EMOÇÕES (Filipenses 1:7)

1. Ela pode ser usada para comover os liderados
2. Ela pode ser usada para motivar liderados
3. Ela pode ser usada para criar contendas
4. Ela pode ser usada para manter pessoas unidas
5. Quem sabe usar as emoções tem poder de influência

755 - O LÍDER QUE CAUSA IMPACTO (Neemias 7:2)

1. Ele se conecta com as pessoas
2. Ele é uma pessoa de ideias inspiradoras
3. Sua postura é influente
4. Valoriza os talentos e sabe aproveitá-las
5. Ele ama o que faz e as pessoas notam isso

756 - O LÍDER ATENTO A MORAL DA LIDERANÇA (Lucas 24:17)

1. Sentimentos amargos destroem a moral da liderança
2. Promiscuidade destrói a moral da liderança
3. Mentiras e hipocrisias destroem a moral da liderança
4. A falta de propósito arrasa a moral da liderança
5. O moral elevado da liderança ajudará o líder na conquista da visão estabelecida

757 - O LÍDER QUE OCUPA O TEMPO OCIOSO (Neemias 5:16)

1. Ele ocupa com leitura
2. Ele se ocupa ouvindo treinamentos
3. Vista seus liderados
4. Estuda e cuida do corpo
5. Investe tempo com a família

758 - O LÍDER E O TRATO COM A ADVERSIDADE (Colossenses 4:4)

1. Nem todos se conectam com o líder ou pensam na mesma direção
2. As diferenças são importantes para o líder ter uma visão mais ampla das realidades
3. Encontrar pontos de concordância nos diferentes é fundamental para uma convivência harmoniosa
4. O líder sempre mantém a classe diante dos diferentes
5. A maior prova de liderança está na pluralidade de pessoas que trabalham para o líder

759 - O LÍDER E A AÇÃO SOCIAL (Filipenses 2:30)

1. A ação social é uma responsabilidade de todo o líder consciente
2. O líder na sua ação social deve promover mudanças e superações

3. Ajudar pessoas faz bem
4. A ação social é uma questão de consciência
5. Toda a liderança que valoriza pessoas toca no social

760 - O LÍDER E A AMBIGUIDADE (Romanos 10:12)

1. Lidar com as ambiguidades é o maior desafio de um líder moderno
2. Com a ambiguidade desta geração o líder precisa ser adaptativo
3. Todo o líder precisa estar de olho nas mudanças que as ambiguidades geram
4. A ambiguidade exige uma liderança forte para lidar com as mudanças
5. Nas realidades das ambiguidades precisamos gerar liderados compromissados

761 - O LÍDER DEVE TER BOM HUMOR (Isaías 12:3)

1. Ter um bom humor ajuda a vencer o stress que a liderança causa
2. As pessoas ficam mais atraídas pela sua liderança
3. O bom humor na medida certa cria um clima agradável
4. O líder que tem bom humor cativa as pessoas
5. Não é saudável levar a vida sem bom humor

762 - O LÍDER DEVE RESOLVER UM PROBLEMA DE CADA VEZ (2 Reis 12:17)

1. Nem tudo na vida se resolve de uma vez só
2. Liste as prioridades que são fundamentais resolver
3. Levar o mundo nas costas suga nossa energia
4. A disciplina pode resolver cada situação ao seu tempo
5. Em um mundo problemático resolver seus problemas já é algo muito importante

763 - O LÍDER E A IMPORTÂNCIA DO PROCESSO (Jeremias 18:11)

1. Tudo na vida é regido por processos
2. Todo o processo exige de você disciplina
3. Todo o processo exige de você paciência
4. Todo o processo te dá autoridade e experiência
5. Quem nega o processo atrasa a vitória

764 - O LÍDER NÃO PODE FUGIR (Jó 41:28)

1. De suas responsabilidades
2. Fugir causa desgaste: financeiro, espiritual e familiar
3. A identidade do líder é não desistir
4. Fugir quebra a sua dignidade e moralidade
5. O sucesso sempre encontra pessoas que continuaram acreditando

765 - O LÍDER QUE VIVE O NOVO DE DEUS (Ezequiel 36:30)

1. Valorize uma rotina de devocional
2. Tenha o hábito da leitura Bíblica
3. Ouça mensagens edificantes
4. Tenha intimidade com o Espírito Santo
5. Sempre permita-se ser tratado por Deus e seus líderes

766 - O LÍDER E A ALTIVEZ (Deuteronômio 18:20)

1. Ele tem um ego vaidoso
2. Ele acredita que suas ideias e opiniões são irrefutáveis
3. Não tem humildade
4. Suas colocações são baseadas em suas vaidades
5. A altivez é uma caminhada certa para a derrota

767 - O LÍDER QUE FAZ AS PESSOAS SE SENTIREM BEM (Provérbios 31:12)

1. Pela educação
2. Pelo tom de voz agradável
3. Por saber valorizar o próximo
4. Por saber ouvir as pessoas
5. Por ser coerente e justo

768 - O LÍDER E A EXPRESSÃO CORPORAL (1 Samuel 17:4)

1. Ela pode ser inspiradora ou não
2. Expressão corporal tem influência comprovada
3. Uma boa imagem sempre agrada
4. Uma boa imagem ajuda a fidelizar pessoas
5. Todo o líder deve cuidar de sua imagem tanto no traje, como no físico

769 - O LÍDER DIGNO DE CRÉDITO (Provérbios 14:15)

1. Por não ser falso
2. Por ser alguém que resolve
3. Por ter uma conduta ética e moral coerente
4. Por saber o que diz
5. Por ser comprometido

770 - O LÍDER E OS SEGREDOS (Provérbios 11:13)

1. Líderes sempre ouvem segredos
2. Líder confiável é fundamental para uma liderança saudável
3. Espalhar segredos é uma falta inaceitável de um líder

4. Fidelizar pessoas passa pelo saber guardar segredos (desde que não seja previsto em lei)
5. Respeite as pessoas que abrem o coração para você

771 - O LÍDER NEGOCIA (Ezequiel 27:3)

1. Ele sempre negocia o que é melhor para cumprimento da missão
2. Negociar sem denegrir seus valores é a meta de todo líder íntegro
3. A negociação do líder íntegro sempre acaba em bons resultados
4. Tudo o que o líder corrupto negocia acaba em prejuízo
5. O líder que não sabe negociar não avança

772 - O LÍDER E A SINCERIDADE (Provérbios 11:3)

1. A sinceridade é importante na aquisição de respeito entre os liderados
2. A sinceridade ela tem que ser expressa como educação
3. A sinceridade ajuda a fidelizar pessoas em nossa liderança
4. A sinceridade às vezes pode doer, mas liberta
5. Sempre honre pessoas sinceras e verdadeiras

773 - O LÍDER E A MANCHA NA REPUTAÇÃO (Atos 6:3)

1. Reputação manchada sempre será lembrada
2. Uma boa conduta é o que reveste o quadro negativo da reputação manchada
3. Discriminação é a mais forte violência contra a reputação manchada
4. Não se desvalorize e nem discrimine-se, aprenda a conviver com as consequências de uma reputação manchada
5. Não há ninguém perfeito, manchas em nossa reputação são inevitáveis, aprenda a conviver com as realidades que isso impõe

774 - O LÍDER DEVE CONHECER O SEU PÚBLICO (Mateus 23:1)

1. Não conhecer o público que você lidera pode ser um perigo
2. Não conhecer o seu público pode levar a cometer erros de liderança
3. Conhecer o seu público ajudará a influenciá-lo
4. O líder tem o dever de estudar e entender o público que lidera
5. Não existe público difícil demais para um líder que estuda pessoas e argumentos

775 - O LÍDER NÃO COMPETE COM NINGUÉM (Jeremias 12:5)

1. O verdadeiro líder não se preocupa em competir com ninguém, ele apenas faz seu trabalho
2. Buscar exemplos em outros líderes é algo diferente de competir
3. Competições geram sentimentos amargos
4. Querer avançar é uma coisa competir é outra
5. A única pessoa com quem você tem que competir é com você mesmo e no propósito de melhorar cada dia mais

776 - O LÍDER DEVE SE DISPOR DE RECURSOS (Levítico 12:8)

1. Lute para ter recursos intelectuais - Adquira muitos livros
2. Lute para ter recursos emocionais - Aprenda a liderar as suas emoções
3. Lute para ter recursos espirituais - Seja cheio de Deus e do Espírito
4. Lute para ter recursos de liderança - Busque atualizar experiências de liderança
5. Lute para ter recursos financeiros - Saiba administrar suas rendas

777 - O LÍDER FOCA O PRESENTE (Josué 1:6)

1. O líder não pode manter o seu foco no ontem
2. O líder também não pode manter de forma exclusiva seu foco no manhã
3. O líder não pode alterar o passado, o futuro nunca é certo, mas ele pode ter focar no presente
4. O líder que tem foco no presente busca o desenvolvimento pessoal
5. O líder que tem foco no que é coerente hoje torna-se vitorioso amanhã

778 - O LÍDER E O MEDO DO RIDÍCULO (Mateus 14:28)

1. Coisas ridículas podem acontecer a qualquer um
2. Admita seus erros e não tenha vergonha deles
3. Não leve o ridículo a sério demais, tenha bom humor
4. Não deixa de avançar na vida por causa de situações ridículas
5. Ridículo se conserta com boa conduta, coerência e tempo

779_ O LÍDER DEVE DOMINAR SEU DISCURSO (2 Coríntios 3:12)

1. Estude argumentos
2. Medite sobre os seus argumentos
3. Decore os pontos chaves dos seus argumentos
4. Estude outros autores que falem do mesmo assunto que você irá abordar
5. Tenho seus argumentos na cabeça e também anotados

780 - O LÍDER DEVE DOMINAR UMA PERFORMANCE (João 6:2)

1. Todos possuem estilo, descubra o seu
2. Devemos trabalhar na performance que mais nos dá resultados
3. Para cada situação de liderança será exigido de você certa a performance
4. Quanto melhor for a sua performance melhores serão os resultados
5. Seja autêntico na sua performance, todos sabem identificar uma performance falsa

781 - O LÍDER TENAZ (Mateus 9:36)

1. Ele é capaz de observa os problemas com um olhar diferenciado
2. Ele é capaz de gerenciar a missão suportando os seus adversos

3. Ele é obstinado para aprender e solucionar problemas
4. Ele é persistente para combater a mentalidade que pode prejudicar a sua missão
5. Sonhos são conquistados por pessoas tenazes

782 - O LÍDER FAZ E OS LIDERADOS SEGUEM O EXEMPLO
(1 Tessalonicenses 1:7)

1. O líder sempre será o padrão
2. É difícil ser exemplo o tempo todo, mas devemos nos esforçar para sempre ter bons exemplos
3. Todos precisam de uma referência, então faça coisas que se tornem referência
4. Com o tempo o exemplo irá provar as suas intenções
5. Por mais imperfeitos que sejamos ter uma vida cheia de bons exemplos arrasta multidão

783 - O LÍDER E AS CONJETURAS (Salmos 144:8)

1. Tenha cuidado ao fazer conjecturas a respeito das pessoas
2. Não fale nada sem estar baseado em fatos
3. Ao fazer conjecturas que sejam feitas na esperança e fé
4. Não seja desonesto em suas conjecturas
5. Quem vive só de conjecturas não avança

784 - O LÍDER ANALISA (Gênesis 8:8)

1. Analise antes de falar
2. Analise antes da tomada de atitude
3. Analise antes de julgar
4. Analise antes de aceitar propostas
5. Análise sempre tudo o que puder ser analisado para não errar

785 - O LÍDER E O BAIXO DESEMPENHO (Isaías 21:3)

1. O líder deve analisar a razão do baixo desempenho
2. O desmotivado deve ser motivado
3. O presunçoso deve ser tratado ou afastado
4. O que está perdido deve ser orientado
5. O que está desatualizado deve ser treinado e contextualizado

786 - O LÍDER E A FALTA DE SINTONIA (Lucas 12:53)

1. Sintonia motiva
2. Sintonia converge forças
3. Sintonia equilibra valores
4. Sintonia ajuda a superar as dificuldades na missão
5. Sintonia colabora na vitória

787 - O LÍDER E O PECADOR (Jó 13:23)

1. O pecado é inerente a todos
2. O pecado também age na conduta do líder
3. O pecado só é superado com vida com Deus
4. O pecado causa prejuízos incalculáveis na vida do líder
5. O pecado deve ser vencido numa luta diária do líder

788 - O LÍDER E AS IDEIAS VENENOSAS (Provérbios 12:2)

1. O pecado por meio da carne implanta ideias venenosas na mente do líder
2. Pessoas más intencionadas implantam ideias venenosas na mente do líder
3. Livros e reportagens também implantam ideias venenosas no líder
4. Família desestruturada pode implantar ideias venenosas no líder
5. Você vence ideias venenosas sendo justo, coerente, de bom senso e de crítica apurado para avaliar tudo que está ao seu lado, sem deixar de ouvir bons conselhos

789 - O LÍDER E O CUIDADO COM A RELIGIOSIDADE (Tiago 1:27)

1. Excesso de religiosidade torna-se sufocante e entediante
2. A falta de uma religiosidade séria cria um clima ruim para o líder
3. O líder de religiosidade equilibrada alcança bons resultados
4. Não seja um líder de religiosidade hipócrita
5. A religiosidade é um bem necessário na vida de todo o líder, mas claro, deve ser bem administrado

790 - O LÍDER E OS TRAUMATIZADOS (1 Reis 19:13)

1. Devem ser tratados com todo respeito
2. Esses tipos de pessoas precisam ter uma liderança coerente e justa
3. Uma liderança responsável deve tratá-los e valorizados
4. Será que nossa liderança não está gerando pessoas traumatizadas?
5. Pessoas fragilizadas sempre são conquistadas por uma liderança amorosa

791 - O LÍDER E O LIXO MORAL (Hebreus 10:6)

1. O líder deve vencer o lixo da rebeldia
2. O líder deve vencer o lixo da impureza sexual
3. O líder deve vencer o lixo da língua venenosa
4. O líder deve vencer o lixo da soberba
5. O líder deve vencer o lixo da ignorância espiritual

792 - O LÍDER NÃO DEVE OFENDER (Tiago 3:8)

1. Líderes não devem ferir as pessoas com suas palavras mal colocadas
2. O papel do líder é motivar e não ofender
3. Fale a verdade sem ser ofensivo

4. Exerça liderança sem ser ofensivo
5. Ofender nos afasta de uma liderança que agrega e atrai pessoas

793 - O LÍDER DEVE CONQUISTAR RESPEITO (Salmos 119:15)

1. Respeito não se impõe se conquista
2. Respeito se conquista sendo coerente
3. Respeito se conquista sendo justo
4. Respeito se conquista com mão na massa
5. Respeito se conquista demonstrando coragem diante dos desafios

794 - O LÍDER E A GERAÇÃO DELINQUENTE LÍDERES (Jeremias 5:23)

1. Uma classe delinquente de líderes às vezes é inevitável em nossa liderança
2. Delinquência se trata com ordem - Tenha uma liderança organizada
3. Delinquência se trata com diálogo forte e amoroso - Saiba falar
4. Delinquência se trata com visão - Tenha uma liderança definida e clara
5. Uma das maiores provas de liderança é vencer a delinquência entre os liderados

795 - O LÍDER E O ANALFABETISMO FUNCIONAL (Isaías 26:10)

1. O analfabetismo funcional pode ser uma praga na liderança
2. Explicar a visão com todos os recursos ajudará a vencer as limitações dos analfabetos funcionais
3. Repetição é a chave para vencer as dificuldades de entendimento que possuem os analfabetos funcionais
4. Incentivar a leitura ajudará os analfabetos funcionais
5. Lutar contra o analfabetismo funcional fará com que a sua liderança gere grandes resultados

796 - O LÍDER TREINA LIDERADOS PARA OS RELACIONAMENTOS (Romanos 12:18)

1. Ensinar os liderados a se relacionarem com outras pessoas garante grandes resultados
2. Ensinar os liderados a saber controlar suas emoções diante do próximo faz parte de uma liderança que sabe da importância dos limites nas relações interpessoais
3. Criar fórmulas de fomentar relacionamento saudáveis entre os liderados é chave
4. O líder que não sabe treinar seus liderados para os relacionamentos está fadado ao fracasso
5. Liderados bem relacionados geram grandes resultados para o líder

797 - O LÍDER QUE ADIA O QUE TEM QUE FAZER (Eclesiastes 3:1)

1. O líder que adia repreensão colherá rebeldia
2. O líder que adia treinamento colherá liderados medianos
3. O líder que adia atitude coerente colherá o fracasso

4. O líder que adia o reconhecimento colherá liderados amargos
5. O líder que a dia suas responsabilidades colherá a vergonha

798 - O LÍDER E O HÁBITO DE ROTULAR (Jó 13:27)

1. Não rotule pessoas, o amanhã não nos pertence
2. Trate as pessoas pelo que elas são hoje e não pelos rótulos que elas receberam
3. Rotular pessoas é a prova de sua falta de liderança
4. Tenha resiliência, pessoas rotuladas sofrem
5. Líderes de cultura e valores baixos sempre rotulam as pessoas

799 - O LÍDER QUE FAZ (Deuteronômio 1:18)

1. Ele lidera de frente
2. Ele não vive culpando os outros pelos seus erros e acertos
3. Ele cria um clima de participação e unidade
4. Ele é próximo de seus liderados
5. Ele faz todos crescerem

800 - O LÍDER E A AÇÃO FOCADA (1 Samuel 23:15)

1. Ação é algo extremamente importante
2. Ação que atira para todos os lados é perca de tempo e energia
3. Ação focada demonstra o que realmente você quer
4. Ação focada te ajudar a organizar a vida
5. Ação focada é como um laser que tem o poder de atravessar o alvo

801 - O LÍDER E AS EMOÇÕES INTELIGENTES (Filipenses 2:20)

1. As emoções ditam muito das nossas atitudes
2. O líder precisa desenvolver o tipo de emoção que vai usar para cada situação de liderança
3. Emoções inteligentes são as que geram resultados positivos para nossa liderança
4. Estudar as emoções humanas é fundamental para o líder
5. O líder precisa saber identificar quais são as suas emoções negativas para administrá-las a ponto de trocá-las por emoções que geram resultados positivos para sua liderança

802 - O LÍDER E O DESESPERO (Eclesiastes 2:20)

1. O desespero tira a razão e o equilíbrio do líder
2. O desespero pode tirar o censo de valor das coisas e da realidade
3. O desespero pode fazer o líder ser injusto tanto para ele mesmo como para os outros
4. O desespero pode gerar atrapalho
5. O líder que se desespera pode perder credibilidade

803 - O LÍDER E A ADAPTABILIDADE (Gênesis 13:18)

1. Nem tudo é do nosso jeito
2. O que não afeta o essencial da fé cristã pode ser ajustado para se adaptar em nossa liderança
3. O líder deve se adaptar às modernas tecnologias
4. O líder deve se adaptar às novas linguagens de liderança
5. Adaptabilidade garante o seu sucesso

804 - O LÍDER E O OTIMISMO (Provérbios 15:13)

1. Otimismo é fundamental em tempos difíceis
2. Otimismo ajuda a manter a vitalidade no trabalho
3. Otimismo faz a pessoa vê sucesso aonde todos vêm fracasso
4. Otimismo desafia os pensamentos negativos e malignos
5. Otimismo faz as pessoas perceberem que a vida pode ser imprevisível, mas faz o homem acredita que existe solução para quase tudo

805 - O LÍDER E O NÍVEL ORGANIZACIONAL (Colossenses 2:19)

1. Não existe uma regra fixa para organizar tudo, mas é importante organizar o que pode ser administrado
2. Todo o líder deve organizar seus trabalhos pela: competência, ambiente e tecnologia disponível
3. O nível organizacional do líder passa pelos seus objetivos
4. O nível organizacional do líder passa pela escolha dos seus liderados e suas colocações estratégicas
5. O nível organizacional do líder passa pela manutenção, realização e captação de recursos para a vivência da missão

806 - O LÍDER E A INTEGRAÇÃO MÚTUA DE PESSOAS (Amós 3:3)

1. Nem todos os liderados estão integrados - integração é missão do líder
2. A missão do líder é fazer com que os novos liderados se integrem com os antigos
3. A integração entre pessoas requer do líder argumentos, dinamismo e influência
4. A integração também ocorre quando todos os liderados assumem as regras e valores instituídos
5. Se não houver integração entre os liderados não haverá avanços

807 - O LÍDER QUE CONQUISTA COLABORAÇÃO (Salmos 48:4)

1. O trabalho do líder avança com a colaboração de todos
2. Colaboração se conquista com visão clara a respeito do que se vai fazer
3. Colaboração se conquista com uma causa realmente justa
4. Colaboração se conquista com boa retórica e eloquência
5. Colaboração também é resultado de prestígio

808 - O LÍDER E SEU ESTADO ATUAL NA LIDERANÇA (Jó 8:17)

1. Uns estão em estado de estresse
2. Uns estão em estado de inércia
3. Uns estão em estado traumático
4. Uns estão em estado de apatia
5. Uns estão em estado de produtividade

809 - O LÍDER QUE FICARÁ FRUSTRADO (Salmos 13:4)

1. Ele é do tipo que só sabe mandar e não orienta bem os liderados
2. Ele não é claro e organizado na maneira como divulga a missão dada aos liderados
3. Ele não sabe honrar os liderados que produzem
4. Ele não sabe dar o devido exemplo
5. Ele tem uma linguagem amarga

810 - O LÍDER E O LUGAR QUE FREQUENTA (Salmos 1:1)

1. Certos ambientes e lugares podem manchar a imagem do líder
2. Lugares falam de suas preferências
3. O lugar que você frequenta lhe faz uma pessoa melhor?
4. O lugar que você frequenta vai lhe ajudar nos seus objetivos?
5. Quando você está no lugar certo sua liderança avança

811 - O LÍDER E AS CRENÇAS LIMITADORAS (I) (2 Coríntios 10:15)

1. "Eu não tenho tempo para nada" – Tempo se administra
2. "Eu não sei tudo o que precisa saber" – É impossível saber tudo
3. "Eu sou muito velho para isso" – Maturidade é força
4. "Eu nasci sem essa habilidade" – Habilidade se conquista
5. "Eu preciso de pessoas que acreditem em mim" - Você não precisa

812 - O LÍDER E AS CRENÇAS LIMITADORAS (II) (2 Coríntios 10:15)

1. "Eu não posso" – Sim você pode
2. "Minha capacidade é limitada" – Depende se você está na posição errada
3. "O melhor não é para mim" – Valorize-se
4. "Eu já vi que todo mundo consegue menos eu" – Vitimismo e impaciência são pragas
5. "Eu não sei o que quero" – Encontre

813 - O LÍDER E O PORQUÊ DO INTELECTO BAIXO (Deuteronômio 4:6)

1. Ele é fruto de falta de desenvolvimento
2. A leitura desenvolve o intelecto
3. Ouvir com atenção desenvolve o intelecto

4. O líder que reflete sobre tudo que faz desenvolve seu intelecto
5. O líder desenvolve seu intelecto quando ele se desafia a fazer coisas novas

814 - O LÍDER E O TRATO POLÍTICO (1 Pedro 2:17)

1. Há momentos em que você não pode deixar de ser político
2. O líder político tem a capacidade de articulação entre as mais diversas pessoas
3. Ele é capaz de pensar no coletivo em sua maneira de trabalhar
4. Ser político é agradar com a sua administração aberta a todos
5. A maior política do líder é dar resultados

815 - O LÍDER QUE IMPACTA (Daniel 11:29)

1. Ele não apenas manda, ele faz junto
2. Ele não apenas fala, ele vive o que fala
3. Ele faz com que todos ao seu lado também se sintam valorizados
4. Ele não faz nada sozinho, ele entende o valor de sua equipe
5. Ele não só ganha, todos ganham com ele

816 - O LÍDER DEFENDE UMA PAUTA (2 Coríntios 10:5)

1. Tenha a sua pauta religiosa e educacional
2. Tenha a sua pauta financeira
3. Tenha a sua pauta social e política
4. Tenha a sua pauta de liderança
5. Tenha a sua pauta para defender

817 - O LÍDER E A AUTORRESPONSABILIDADE (Números 18:5)

1. Fala de autoconsciência em prol de sua missão
2. Ele entende que autorresponsabilidade é o sucesso de sua missão
3. Ele aceita o desafio de crescer em responsabilidade em prol de sua missão
4. Ele entende que se algo de errado ele tem parcela de culpa
5. Ele não tem medo da responsabilidade

818 - O LÍDER QUE SE RESPONSABILIZA PELO QUE SENTE (2 Samuel 19:35)

1. Se a tristeza vai atrapalhar a missão ele encontra formas de vencê-la
2. Tornar-se amargo às vezes é inevitável, mas o líder em prol da missão busca superar esse sentimento
3. Ele não culpa os outros pela responsabilidade daquilo que ele está sentindo
4. O líder ele deve criar uma rotina que proteja seus sentimentos
5. Se você não controla suas emoções e sentimentos ninguém fará isso por você e os prejuízos serão incontáveis

819 - O LÍDER PEDAGÓGICO (Êxodo 35:34)

1. Ele possui um conhecimento que precisa ser passado
2. Ele sabe que o conhecimento muda a vida das pessoas
3. Ele é ciente do que deve ensinar para os liderados
4. Ele tem uma pauta de ensinos
5. Ele se faz uma ponte entre a ignorância e o conhecimento que o liderado precisa ter

820 - O LÍDER E A REFLEXÃO (Eclesiastes 2:12)

1. Ele reflete sobre o ambiente de sua liderança
2. Ele reflete sobre suas decisões
3. Ele reflete sobre a atitude dos seus liderados
4. Ele reflete sobre o contexto atual de sua liderança
5. Refletir faz o líder melhorar

821 - O LÍDER E O CASAMENTO (Mateus 19:6)

1. Não há problema em casar o problema é escolher a pessoa errada
2. Líderes casados passando segurança e estabilidade
3. O líder casado melhora os seus valores e visão de mundo
4. O casamento e as responsabilidades que dela provém motivam o líder a melhorar
5. Quem lidera sua casa lidera em qualquer lugar

822 - O LÍDER E O VALOR DE ANDAR SOZINHO (Gênesis 32:24)

1. Você treina sua autoconfiança
2. Você passa a refletir mais sobre você mesmo
3. Você passar a lidar com a realidade de sua timidez
4. Você se desafia a uma vida disciplinada
5. Você passar a ter responsabilidade com a sua própria felicidade

823 - O LÍDER E O PODER DE UMA MANHÃ PRODUTIVA (Gênesis 28:18)

1. Comece seu dia orando
2. Leia sua Bíblia e um livro
3. Faça seus exercícios
4. Planeje seu dia
5. Atitude é a chave

824 - O LÍDER DE ATITUDES SAUDÁVEIS (Filipenses 4:8-9)

1. Tome poucas decisões, pelo menos três por dia
2. Reflita sobre o futuro com os pés no presente
3. Faça a diferença
4. Invista nos seus pontos fortes

5. Duma bem

825 - O LÍDER E O CAMINHO CERTO (Salmos 1:6)

1. Quem anda no caminho certo sempre melhora
2. Quem anda no caminho certo alcançado seus objetivos
3. Quem anda no caminho certo tem bons pensamentos e ideias
4. Quem anda no caminho certo supera as adversidades
5. Quem anda no caminho certo faz com excelência

826 - O LÍDER E O DESEQUILÍBRIO (Salmos 43:5)

1. Altos e baixos nas emoções é um sinal de desequilíbrio
2. Estressado e ansioso é um sinal de desequilíbrio
3. Casando para as atividades normais é um sinal de desequilíbrio
4. Sentir-se dominado por emoções toxicas é um sinal de desequilíbrio
5. Ter um olhar maligno sobre a vida é um sinal de desequilíbrio

827 - O LÍDER E A LEITURA DIÁRIA (1 Timóteo 4:13)

1. Reduz o stress
2. Ajuda na saúde mental
3. Aumenta sua motivação
4. Melhora sua concentração e foco
5. Fortalece o pensamento crítico e criativo

828 - O LÍDER QUE FAZ O QUE É BOM (Romanos 12:17)

1. Ele se ama
2. Faz o que é certo
3. Sabe perdoar
4. Não prejudica as pessoas
5. Tem vida seria com Deus

829 - O LÍDER E SEU ESTILO DE VIDA (Salmos 66:9)

1. Ele evita levar tudo para o pessoal
2. Ele não vive preso ao seu pecado
3. Valoriza sua família e sua vida espiritual
4. Administra suas finanças
5. Sabe onde quer chegar

830 - O LÍDER E O PODER DO AGIR (Números 17:11)

1. Não basta querer tem que agir
2. Não basta sonhar tem que agir
3. Não basta acreditar tem que agir
4. Agir é viver na prática os planos traçados

5. Agir é fazer o suor cair do rosto pelo trabalho pesado

831 - O LÍDER QUE DISCORDA DE TUDO (Sofonias 3:2)

1. Quem discorda de tudo geralmente é uma pessoa de visão limitada
2. Geralmente uma pessoa cheia de mágoas e rancores
3. Geralmente uma pessoa com excesso de desconfiança
4. Geralmente uma pessoa de valores e ideologias ultrapassadas
5. Uma pessoa que no meio social causa desconforto

832 - O LÍDER QUE BUSCA CULPADOS (1 Reis 1:21)

1. Ele não entende que nada que acontece na liderança é por acaso
2. Quando se procura culpados o líder deve ser o primeiro a admitir seus erros
3. Quando existem realmente culpados as consequências legais devem ser aplicadas
4. Buscar culpados não pode se tornar uma obsessão
5. Falhas são inevitáveis e geralmente todos são culpados

833 - O LÍDER QUE JUSTIFICA ERROS (Provérbios 26:24)

1. Justificar erros só agravam a situações e faz o líder perder moral
2. Justifica erros reforça a incoerência
3. Justificar erros geralmente esconde interesses
4. Justificar erros é também fala de falta de caráter
5. Não podemos confundir misericórdia com justificação do erro

834 - O LÍDER QUE NÃO CAPACITA LIDERADOS (Romanos 12:7)

1. Porque alguns não possuem competência intelectual para tal
2. Porque alguns são bloqueados no exemplo que precisam dar
3. Porque alguns gostam de reter o conhecimento somente para si
4. Por que alguns têm medo de gerar líderes melhores do que eles
5. Porque ele não tem visão de futuro para as pessoas que o cercam

835 - O LÍDER E AS DESCULPAS PARA NÃO LIDERAR (Zacarias 11:16)

1. "Não lidero porque isso pode me corromper" – Quem não tem caráter não o terá em qualquer posição ou cargo
2. "Eu não tenho autoridade" – Autoridade se conquista com caráter, trabalho e tempo
3. "Eu não tenho natureza de líder" – Liderança é uma questão de aprendizado
4. "Eu não tenho influência" - Influência é uma construção
5. "Eu não sei ajudar" – Amor ao próximo é uma questão de consciência

836 - O LÍDER CARENTE (II Timóteo 2:22)

1. Ele busca atenção
2. Ouve qualquer pessoa porque perdeu seu rumo
3. Ele quer ser aceito de qualquer forma
4. O líder carente tem o hábito de fazer más interpretações
5. Ele tem muitas expectativas

837 - O LÍDER QUE NÃO APRENDE COM SEUS ERROS (1 Coríntios 10:6)

1. Ele é arrogante, soberbo e não faz questão de aprender
2. Quem não aprende com seus erros vai errar de novo
3. Nosso futuro de sucesso depende do que aprendemos com os nossos erros
4. Ter a mente fechada para o ensino que nos vem por meio dos erros é negar a misericórdia de Deus para uma nova oportunidade de vida
5. Aprender com os erros e se dispor a fazer diferente

838 - O LÍDER QUE TREINA O QUE DESEJA SER (Provérbios 16:16)

1. O que você deseja começa primeiramente no treino que você faz na mente
2. Vença crenças limitantes
3. Leia todos os dias
4. Envolva-se com pessoas que te ajudem a conquistar o que você deseja
5. Vença e supere todos os dias os seus próprios limites

839 - O LÍDER QUE TRABALHA NO SEU EXEMPLO (Filipenses 2:15-16)

1. Ele faz com que seu exemplo seja influenciador na vida de outros
2. Ele vigia a sua conduta mesmo não sendo perfeito
3. Ele não negocia os seus tratos, acordos e palavras
4. Ele radicaliza em situações para manter o exemplo
5. O exemplo ainda continua sendo a melhor arma para arrastar seguidores

840 - O LÍDER E A INDOLÊNCIA (Provérbios 19:15)

1. Fala de um líder que não é sensível a postura correta que deve tomar diante de sua liderança
2. Fala de um líder que falta com o respeito
3. Ele é inconveniente
4. Líderes indolentes devem ser tratados ou cortados
5. O líder indolente sempre colhe derrotas, fracassos e decepções

841 - O LÍDER QUE TEM PENA DE SI MESMO (Jó: 10:1)

1. Ele tem o hábito de se vitimizar
2. Ele tem medo de se consumir em um projeto
3. Ele poupa-se demais e quase nada faz

4. Ele pensa muito no julgamento dos outros em relação ao seu trabalho
5. Ele não pode ouvir uma crítica que se consome no desânimo

842 - O LÍDER QUE CONSTRÓI SUAS OPORTUNIDADES (Efésios 5:16)

1. Ele reconhece o valor dos sacrifícios
2. Ele sabe identificar a hora certa de fazer o que tem que ser feito
3. Ele sabe o valor de acreditar
4. Ele está todos os dias se desenvolvendo
5. Ele busca sempre estar no lugar certo com as pessoas certas

843 - O LÍDER QUE CONFRONTA A SI PRÓPRIO (Tiago 1:22-24)

1. Se questionar no limite certo é saudável
2. Por não sermos perfeitos é que temos que nos questionar e nos avaliar sempre
3. Você tem medo de se questionar?
4. Muitos não se questionam por causa da validade interna
5. Você nunca vai saber o que é preciso mudar se você não se questionar

844 - O LÍDER E O TOM DE VOZ (Efésios 4:29)

1. Agressiva para os dias de combate
2. Mansa para os dias de paz
3. Enérgica para os dias de desânimo
4. Terapêutica para os dias de dor
5. Amorosa para os dias de valorização

845 - O LÍDER GERÊNCIA SEUS PENSAMENTOS (Provérbios 21:5)

1. Quem não sabe gerenciar seus pensamentos é um barco sem leme
2. Critique seus pensamentos malignos
3. Valorize os pensamentos que transformam a sua vida para melhor
4. Colecione valores de vida para os dias maus
5. Saber escolher o que pensar é uma arte que se aprende

846 - O LÍDER DEVE SUPERAR TRAUMAS DO PASSADO (João 8:12)

1. Traumas travam a nossa espiritualidade
2. Traumas travam a nossa liderança
3. Traumas travam nossos relacionamentos
4. Superação também está em Deus
5. Superação também está na busca de tratamento secular

847 - O LÍDER E AS CRENÇAS CONSTRUTIVAS (Atos 16:34)

1. Crenças construtivas te fazem acreditar
2. Crenças construtivas te motivam

3. Crenças construtivas te fazem questionar o que é maligno
4. Crenças construtivas o incentiva a melhorar como líder e pessoa
5. Crenças construtivas não nos diminuem

848 - O LÍDER E O CICLO DAS DERROTAS (Jó 1:13-19)

1. O ciclo da derrota começa nos pensamentos errados que você alimenta
2. O ciclo de derrota começa na comunicação negativa que você tem
3. O ciclo da derrota começa no alimento maligno que você dá aos seus sentimentos
4. O ciclo da derrota começa nos maus relacionamentos que você cultiva
5. O ciclo da derrota é resultado das atitudes que tomamos todos os dias

849 - O LÍDER E SUA POSTURA FISIOLÓGICA (1 Coríntios 6:19-20)

1. Tenha cabeça erguida
2. Mantenha postura diante das pessoas
3. Tinha um sorriso no rosto e seja agradável
4. Tenha atitude confiante
5. Você sempre se torna a imagem do que você passa

850 - O LÍDER NÃO TROCA FAMÍLIA POR AMIZADES (Jeremias 17:9)

1. Amizades precisam ter limites, família sempre vem na frente
2. Amizades vão, família sempre estará em nossas vidas
3. Amizades influenciam nossa família, tanto para o bem quanto para o mal
4. Corte amizades que competem com a sua família
5. Raramente amigos podem proporcionar o apoio que só uma família de valores pode dar

851 - O LÍDER MEDIANO DIANTE DAS LUTAS (Provérbios 24:10)

1. Abatido
2. Cansado
3. Inseguro
4. Vitimizado
5. Rancoroso

852 - O LÍDER E A COMUNICAÇÃO INTERNA (Provérbios 20:25)

1. Falar com você mesmo é um sinônimo de inteligência – Afirma a ciência
2. Se elogie em coisas que dão certo e são boas
3. Critique-se sobre as coisas ruins, mas com sabedoria
4. Conversar com você mesmo faz parte do desenvolvimento pessoal
5. A comunicação interna é ótima para autorreflexão

853 - O LÍDER QUE ACREDITA (Marcos 9:23)

1. Ele não se intimida com as dificuldades
2. Ele se automotiva para continuar acreditando
3. Ele não se permite ser influenciado negativamente por pessoas que querem gerar dúvida no seu coração
4. Ele tem "amor e fé" que são armas fundamentais para quem acredita
5. Acreditar nos tira da mediocridade

854 - O LÍDER DE PROCEDIMENTOS DE AUTO PADRÃO (Eclesiastes 3:12)

1. Ele sempre está avaliando seu comportamento e atitudes
2. Ele monitora seus pensamentos
3. Vigia seus sentimentos
4. Quebra crenças que impedem seu avanço
5. Inspira-se em exemplos de outros

855 - O LÍDER QUE CRIA INIMIGOS (Oséias 8:3)

1. Ideias podem criar inimigos
2. Dureza nas atitudes podem criar inimigos
3. Frieza pode criar inimigos
4. Fraquezas podem criar inimigos
5. Sua injustiça ou irresponsabilidade podem gerar inimigos

856 - O LÍDER MODELA-SE EM ALGUÉM E DEPOIS O SUPERA (2 Tessalonicenses 3:7)

1. Líderes devem se espelhar em bons exemplos
2. Siga os exemplos sem deixar a sua autenticidade
3. Pessoas não são 100% exemplos, mas podem dar bons exemplos
4. Estude a biografia de grandes líderes
5. Supere aqueles que lhe dão bons exemplos

857 - O LÍDER TEM BIBLIOTECA (2 Timóteo 4:13)

1. Todo o líder deve investir em bons livros
2. A leitura diária gera ideias, inovações e atitudes na liderança do líder
3. A leitura aumenta a capacidade cognitiva do líder
4. A leitura dá uma visão maior do mundo ao líder
5. Tenha diversos tipos de livros na sua biblioteca, nunca se sabe de qual se pode precisar

858 - O LÍDER E A INADEQUAÇÃO (Romanos 14:17-18)

1. Inadequação é um problema sério na liderança
2. Inadequação pode ser fruto de dúvidas internas no líder

3. Inadequação pode ser fruto de influências externas na liderança
4. Inadequação pode ser resultado de um péssimo treinamento na liderança
5. Diante de pessoas que se sentem inadequadas tenha amor, paciência, ouvido atento e uma boa palavra de ânimo

859 - O LÍDER E O REMORSO (II Coríntios 7:9)

1. O remorso é um falso arrependimento
2. Líderes e liderados devem consertar suas falhas e não apenas se sentir triste por elas
3. Líderes hipócritas são cheios de remorso
4. Perdoe-se, mas peça perdão a quem você feriu, remorso só atrapalha a caminhada de um líder em sua liderança
5. O líder precisa refletir se ele está vivendo em arrependimento ou remorso

860 - O LÍDER E A ROTINA DO AMANHECER (1 Crônicas 9:27)

1. Ele desperta cedo
2. Faz sua oração e declara a vitória naquele dia
3. Levanta-se grato pela vida e a oportunidade que possui
4. Determine os planos para o seu dia
5. Mantém o foco durante o dia

861 - O LÍDER QUE DA VALOR A SUA MISSÃO (Marcos 16:15)

1. Ele busca o conhecimento para aprimorar sua missão
2. Ele se prepara com qualidade em prol da sua missão
3. Ele se dedica em nome da sua missão
4. Ele sabe o que a missão exige dele
5. Ele paga o preço necessário para realizar a sua missão

862 - O LÍDER E AS CORREÇÕES NECESSÁRIAS (Provérbios 29:19)

1. Negue correções necessária e viva na mediocridade
2. As correções geram novas possibilidades
3. As correções colaboram para uma maior prosperidade
4. As correções sempre devem ser feitas de forma cuidadosa
5. As correções devem ser alinhadas a valores

863 - O LÍDER COM BAIXA AUTOESTIMA (Salmos 6:6)

1. Ele não consegue ver o seu valor
2. Ele influencia-se com palavras negativas
3. Ele potencializa os seus fracassos
4. Ele culpa-se demais e constrói pouco
5. Ele deve parar de vitimizar-se e olhar para frente

864 - O LÍDER LIMITADOR (Salmos 37:1-2)

1. Ele é inseguro
2. Sua insegurança castra os talentos
3. A sua insegurança lhe faz ser rude com as pessoas
4. Sua insegurança não permite que ninguém o supere
5. Limitar é a maneira que ele tem de se sentir poderoso e dominante

865 - O LÍDER DEVE TER A SUA AUTODECLARAÇÃO DE VITÓRIA (Salmos 18:35)

1. Que contenha seus objetivos
2. Que contenha incentivo
3. Que contenha a sua visão
4. Que contenha a sua metodologia fundamental
5. E que seja profético

866 - O LÍDER ADOTA FERRAMENTAS MODERNAS (Isaías 44:12)

1. A nossa sociedade está cheia de ferramentas úteis para os líderes
2. A nossa capacidade de estar nas redes sociais é fundamental
3. Tudo pode ser útil em termos de modernidade desde que não comprometa o nosso caráter e nossos valores
4. Está em redes sociais exige tempo e investimentos financeiros
5. Seja criativo nas redes sociais

867 - O LÍDER DECLARA SEMPRE O MELHOR SOBRE SUA LIDERANÇA (Romanos 8:31)

1. Declarações positivas ganham os liderados
2. Palavras têm o poder de gerar morte ou vida e administrá-las com sabedoria é fundamental
3. Falar de modo motivador é algo que se aprende
4. Tenha algo de bom a dizer das pessoas mesmo em meio ao mar de negatividade delas
5. Seja marcante na vida de uma pessoa por meio das palavras positivas que você lança para ela

868 - O LÍDER CONSCIENTE (Jó 38:36)

1. Consciente da visão que deve adotar
2. Consciente do que deve fazer para realizar sua visão
3. Consciente das suas limitações
4. Consciente dos desafios, problemas e conflitos que devem enfrentar
5. Ser consciente dos limites de liberdade que ele deve ter com as pessoas e lugares

869 - O LÍDER E A IMPORTÂNCIA DE SER SELETIVO
(1 Crônicas 21:11)

1. Não sabemos as intenções das pessoas
2. Nem todas as pessoas servem para falar em nossas vidas
3. Relacione-se com todos, agora intimidade precisa ser seletiva
4. Relacionamentos te levantam ou te diminuem
5. Se alguém seletivo não é ser chato ou inacessível é ser prudente

870 - O LÍDER ALIENADO (Eclesiastes 7:25)

1. Ele não tem uma rotina de estudo pessoal
2. Ele não sabe ouvir o diferente
3. Ele só tem a sua verdade e nada mais
4. Ele está preso em crenças limitantes
5. Ele não lê, não escreve e não ouve nada que possa edificá-lo

871 - O LÍDER E A MENTIRA (Efésios 4:25)

1. Toda a mentira é destruidora
2. Inicialmente liderados mentirosos devem ser tratados
3. Liderados irremediavelmente mentirosos devem ser dispensados
4. A mentira é uma fonte maligna na estrutura da liderança
5. Quem mente pouco também tem a possibilidade de mentir muito

872 - O LÍDER CRIA ESTRUTURA (1 Crônicas 11:8)

1. Quem não cria uma estrutura não avança na sua liderança
2. Sua estrutura precisa ser baseada em propósitos
3. Toda estrutura tem um preço financeiro e ideológico
4. Toda a estrutura precisa de manutenção
5. Não espere ter uma estrutura pronta, desenvolva a sua dia-a-dia e com tempo vá dinamizando-a

873 - O LÍDER QUE CHAMA A ATENÇÃO (1 Samuel 17:57)

1. Ele tem atitude
2. Ele é criativo
3. Ele é dinâmico
4. Ele tem conteúdo
5. Ele permite-se ser tratável

874 - O LÍDER E O CANSAÇO EMOCIONAL (1 Reis 19:3)

1. Ele evita trazer os problemas para o lado emocional
2. Ele para de dar ouvidos ao desânimo
3. Ele vive alimentando sua alma do que é bom

4. Ele evita confrontos que não dará resultados benéficos para sua vida
5. Quando o cansaço emocional atinge o físico ele buscar ajuda tanto no espiritual quanto no secular

875 - O LÍDER QUE RESISTE AS MUDANÇAS (Atos 6:14)

1. Geralmente a resistência é resultado do medo diante do novo
2. Resistência também é resultado do comodismo
3. Resistência também pode ser fruto de rebelião
4. Resistência geralmente tem a ver com uma visão pequena
5. Resistência pode ser a consequência de mudanças malsucedidas

876 - O LÍDER E OS PRAZOS (Eclesiastes 3:1)

1. Prazos são fundamentais para o exercício da liderança
2. Prazos nos ajudam a ter mais foco
3. Prazos medem a nossa eficácia
4. Prazos desenvolvem nossa criatividade
5. Prazos nos permitem ver que estamos debaixo de uma autoridade

877 - O LÍDER PODE DECIDIR O FUTURO DE PESSOAS (Deuteronômio 27:11)

1. Pessoas são tocadas pela nossa liderança e isso deve ser levado a sério
2. O líder que comete falhas pode influenciar pessoas ao erro
3. A integridade do líder influência de forma positiva a vida das pessoas
4. Saiba fazer escolhas, elas afetam a vida de pessoas
5. Sua liderança deve gerar em tese um futuro de vitórias para as pessoas

878 - O LÍDER ENTENDE QUE TÉCNICA NÃO É TUDO (1 Samuel 18:30)

1. Nem tudo está na técnica
2. A técnica é para aprimorar o talento
3. Talento sem técnica faz a pessoa ficar limitada
4. A pessoa presa somente à técnica deixa de ser original e criativa
5. A técnica foi feita para dar asas e não para prendê-lo

879 - O LÍDER FAZ TROCA DE IDEIAS (Esdras 10:9)

1. A troca de ideias está no relacionamento amigável entre líderes
2. A troca de ideias está nos seminários e cursos
3. A troca de ideias está na leitura de bons livros
4. A troca de ideias está também em ser um bom observador da vida
5. Procure se relacionar com pessoas que possam somar

880 - O LÍDER QUE ACEITA DESAFIOS (1 Samuel 17:23)

1. Ele resolveu superar a si mesmo
2. Desafios nos levam a crescer ou não, isso depende de nós!
3. Desafios exigem compromisso
4. Aceitar desafios e ter fé para vencer
5. Desafios são oportunidades disfarçadas

881 - O LÍDER E A PRESSA (2 Samuel 4:4)

1. A direção é mais importante que a velocidade
2. A pressa nem sempre nos ajuda na excelência
3. A qualidade é um processo que demora
4. A pressa na maioria das vezes nos faz cegos para as advertências
5. Tenha pressa para vencer a preguiça

882 - O LÍDER QUE SE CONTROLA (Ester 5:10)

1. O líder precisa saber o que o faz perder o controle
2. Ele tem que admitir que algo o descontrola
3. O líder deve encontrar formas de tentar controlar o seu descontrole
4. Procure evitar situações que lhe tirem o controle
5. Evite ou seja capaz de lidar com pessoas que lhe tirem o controle

883 - O LÍDER INDOMÁVEL (Jeremias 5:23)

1. Ele é um rebelde
2. Ele é um acusador
3. Ele cria um ambiente negativo
4. Ele cria rejeição na liderança
5. Ele é um articulador maligno

884 - O LÍDER E O PLANO DE AÇÃO (Provérbios 15:22)

1. Todo o plano de ação exige um estudo e preparação
2. O plano de ação deve conter todas as informações para alcançar o objetivo desejado
3. O plano de ação tem que ter basicamente: planejamento execução monitoramento encerramento
4. Perguntas para elaborar o seu plano de ação: O que deve ser feito? Por que será feito? Onde será? Quando será feito? Por quem será feito? Como será feito? Quanto vai custar?
5. Quem se planeja evita problemas

885 - O LÍDER QUE PREPARA SUAS METAS (Salmos 7:13)

1. Ele tem uma lista de metas
2. Ele escolhe bem a meta que irá realizar primeiro
3. Ele alimenta o seu coração com o desejo de realizar essa meta
4. Ele se visualiza na meta
5. Ele não permite palavras malignas sobre suas metas

886 - O LÍDER E AS AMEAÇAS (Atos 4:29)

1. Toda a ameaça deve ser averiguada
2. Toda ameaça séria deve ser levada à justiça
3. Toda ameaça deve ser exposta quando possível
4. O líder precisa ter liberdade para liderar, ameaças não podem limitar o líder
5. Ameaças não podem fraquejar nossas concepções que são pautadas em verdades

887 - O LÍDER E AS PERDAS NECESSÁRIAS (Filipenses 3:7)

1. Elas acontecem e às vezes de forma inesperada
2. Devemos estar preparados para eventuais perdas
3. Certas perdas nos farão muito bem
4. As perdas não são o fim, mas o início de uma nova caminhada
5. Quem não sabe lidar com perdas ainda precisa amadurecer na liderança

888 - O LÍDER FORTALECEDOR (Daniel 11:1)

1. Ele ajuda no desenvolvimento dos liderados na liderança
2. Ele provoca a mudança benéfica nos liderados
3. Na tristeza do liderado ele o fortalece
4. Na dúvida do liderado ele esclarece
5. O líder fortalecedor colabora com a caminhada de vitória do liderado

889 - O LÍDER E A CARIDADE (2 Pedro 1:7)

1. Caridade fala de amor ao próximo
2. O líder deve ter talentos desenvolvidos que possam contribuir de forma caridosa com a sociedade
3. A caridade fala do caráter do líder
4. A caridade fala muito do quanto há de Deus em seu coração
5. A caridade é o mais puro servir do líder

890 - O LÍDER E A FÉ (2 Coríntios 5:7)

1. Ela será fundamental para os dias difíceis
2. A fé fortalece a coragem
3. A fé nos anima a continuar tentando
4. A fé nos desliga do negativismo

5. A fé sempre moveu o sobrenatural

891 - O LÍDER E A ENERGIA (1 Coríntios 16:13)

1. Ela é indispensável na luta diária da liderança
2. Buscar energia tendo hábitos saudáveis
3. Esteja do lado de pessoas que te incentivem
4. Esteja em atividades que te motivem
5. Não adianta ter toda uma capacidade sem energia

892 - O LÍDER E A INTUIÇÃO (1 Samuel 21:10 - 15)

1. É um discernimento que não tem uma explicação lógica
2. Na vida do Cristão isto acontece pela ação do Espírito Santo
3. A intuição também nos fala de uma sensibilidade aguçada
4. A intuição é uma visão a mais na vida do líder
5. Cuidado com excessos de intuição, mas a intuição levada a sério pode evitar graves prejuízos

893 - O LÍDER E A PERSPICÁCIA (Salmo 14:2)

1. Ela é necessária para situações complexas
2. Não se deve usar a perspicácia para a desonestidade
3. Perspicácia nos fala de entender rápido e age conforme o entendido
4. Ela é um olhar a mais sobre as realidades e situações da vida
5. Pessoas cheias de perspicácia podem fazer a coisas certas do jeito delas

894 - O LÍDER E A PROATIVIDADE (Eclesiastes 2:22)

1. Ele se faz presente no processo de vitória da equipe
2. Ele fala e ouve com sinceridade
3. Ele corre o risco em busca da recompensa
4. Ele promove a queda de paradigmas
5. Ele molda pensamentos e atitudes dos liderados

895 - O LÍDER E A SOCIABILIDADE (Efésios 4: 22-32)

1. Ele tem a capacidade de gerenciar as emoções das pessoas
2. Ele sabe criar pontes emocionais entre as pessoas
3. Eles são muito bons em Networks
4. Eles se adaptam as pessoas para transformá-las
5. Eles entendem o estilo de liderança de cada pessoa

896 - O LÍDER ATENTO (Colossenses 2.4)

1. Uma liderança de apurada percepção
2. Uma liderança que possui sutiliza ao falar

3. Uma liderança que possui sutileza para agir
4. Uma sutileza na observação de erros e detalhes
5. Sutil para resolver os problemas

897 - O LÍDER PRODUTIVO (João 5:17)

1. Esse líder tem um propósito e se foca nisso
2. Sabe executar o seu trabalho com excelência
3. Ele luta para evitar erros
4. Ele não perde tempo com aquilo que ele não pode mudar
5. Ele tem uma comunicação eficaz

898 - O LÍDER E A PONTUALIDADE (Mateus 24:36)

1. Pontualidade demonstra estabilidade
2. Pontualidade demonstrar seriedade
3. Pontualidade demonstra respeito
4. Pontualidade demonstra valor
5. Pontualidade demonstra organização

899 - O LÍDER E O SENSO (Amós 3:3)

1. Tenho senso de equilíbrio?
2. Tenho senso de direção?
3. Tenho senso de urgência?
4. Tenho senso de responsabilidade?
5. Tenho senso de curiosidade e de aprendizagem

900 - O LÍDER E AS DISTRAÇÕES (Hebreus 12:2)

1. Redes sociais criam distrações
2. Uma vida de valores baixos gera distrações
3. Amizades erradas criam distrações
4. Acreditar em ideologias erradas criam distrações
5. Saiba o que quer, tenha foco e você vencerá as distrações

901 - O LÍDER QUE DESCONSTRÓI MITOS (Tito 1:14)

1. Há mitos que fazem parte de nossa cultura e que só servem para travar a vida
2. Mitos podem se tornar cadeias mentais na vida de uma pessoa
3. A desconstrução de um mito requer conhecimento
4. A desconstrução de um mito requer uma disciplina diária
5. Seja aberto a novos valores que sejam benéficos e construtivos

902 - O LÍDER E A FORMULAÇÃO DO OBJETIVO (Salmos 20:4)

1. Tenha um objetivo geral
2. Identifique questões do objetivo geral
3. Verifique questões do objetivo geral
4. Questione as questões do objetivo geral
5. Faça comparação dentro do objetivo geral

903 - O LÍDER E A CONSCIÊNCIA LIVRE (1 Timóteo 3:9)

1. É aquele que sabe que faz o que é certo
2. Preparou-se para fazer o que é certo
3. Sempre busca fazer a melhor escolha; aquela que não prejudica ninguém
4. Informar-se sobre tudo, mas não se contamina com nada, só extrai o que é bom
5. Ele não carrega culpas na sua consciência

904 - O LÍDER E OS MOMENTOS TENSOS (Salmos 18:34)

1. Em momentos tensos mantenha-se benigno
2. Em momentos tensos evite o pessimismo
3. Em momentos tensos evite precipitar-se nas conclusões
4. Em momento tensos tenha pessoas amigas para lhe ajudar a controlar os ânimos
5. Para momentos tensos procure sempre está preparado

905 - O LÍDER E O RESSENTIMENTO (Jó 5:2)

1. Ressentimento atrapalha a qualidade da liderança
2. Como você tem visto o ressentimento com óculos de aumento?
3. A cura do ressentimento está em sufocá-lo com os melhores sentimentos possíveis
4. Não se apegue a águas que já passaram, ressentimento é uma maldição na vida do líder
5. Avalie-se, o ressentimento pode estar deixando você doente fisicamente, espiritualmente e displicente na sua liderança

906 - O LÍDER E O SENTIMENTO DE CULPA (Romanos 8:1)

1. O líder de consciência culpada desmotiva-se
2. O líder de consciência culpada adquire na maioria das vezes depressão
3. O líder de consciência culpada tem um coração triste
4. O líder de consciência culpada pode criar barreiras para o seu crescimento pessoal
5. O líder de consciência culpada geralmente autopune-se

907 - O LÍDER QUE MANTÉM A HUMILDADE (Provérbios 22:4)

1. A conquista na liderança pode gerar sentimentos de grandeza
2. Arrogância é o fim da liderança
3. Não negocie a sua capacidade de ser simples
4. Que sua linguagem inspiradora conquiste pessoas
5. Cuidado para não ficar tão longe que dos que te elevam

908 - O LÍDER E A COMPUNÇÃO POR CONTROLE (Gálatas 5:1)

1. Fruto de uma personalidade que não confia nas pessoas
2. Esse líder sempre impõe a sua vontade
3. Quando sua vontade não é realizada ele tem um costume de coagir
4. Ele é vingativo quando as pessoas não fazem sua vontade
5. Na vida real nunca se consegue ter controle de tudo

909 - O LÍDER ENTENDE QUE LIDERAR É UMA ESCOLHA (Ester 4:14)

1. Liderar sempre será uma escolha pessoal
2. A liderança flui quando você decide liderar
3. Liderar é comprometer-se
4. Liderar envolve paixão
5. Liderar é se tornar servo de liderados

910 - O LÍDER CRIA VIVÊNCIA ENTRE LIDERADOS (1 Crônicas 13:1)

1. Ele cria um clima de vivência evitando competições
2. Ele cria um clima de vivência fazendo que todos entendam o valor dos relacionamentos
3. Ele cria um clima de vivência criando um ambiente de empatia
4. Ele cria um clima de vivência destruindo os sentimentos malignos
5. Ele cria, gerencia e incentivar a comunicação entre todos

911 - O LÍDER E O SONO (Eclesiastes 4:6)

1. Ele não menospreza o sono e dorme o que é necessário
2. Ele sabe que a falta de sono compromete o seu trabalho
3. Acidentes, imprevistos e displicência acontecem quando o líder não está com qualidade de sono
4. Ele sempre busca ter uma rotina de acordar e dormir no mesmo horário
5. O sono é imprescindível para uma boa qualidade de inteligência

912 - O LÍDER INVESTE NO VISUAL (Joel 2:4)

1. Infelizmente as pessoas julgam pela aparência
2. Você vende-se melhor com uma boa aparência
3. Uma boa aparência cria disposição favorável

4. A primeira impressão sempre é a que fica
5. Não seja pão duro na aparência e nem exagerado de mais, equilíbrio é tudo

913 - O LÍDER NUNCA DEIXA DE INVESTIR EM FORMAÇÃO (Ezequiel 19:3)

1. Investir em um diploma
2. Investir em uma nova língua
3. Investir em informática
4. Investir no estudo de marketing
5. Investir na sua constante atualização de liderança

914 - O LÍDER QUE VALORIZA-SE (2 Timóteo 3:14-17)

1. Valorize a sua história de vida
2. Valorize o que você produz
3. Valorize-se nas suas conversas sem ser arrogante
4. Valorize-se e não se rebaixe ao ridículo
5. Valorize-se e pare de viver lamentando

915 - O LÍDER QUE PROMETE DEVE CUMPRIR (Eclesiastes 5:4)

1. Todos valorizam pessoas que cumprem suas promessas
2. Não prometa o que você não pode cumprir
3. Promessas falam sobre o seu caráter
4. Promessas compridas dão credibilidade e prestígio ao líder
5. Prometer é comprometer-se com você mesmo

916 - O LÍDER NÃO CONTA VANTAGENS (Provérbios 27:1)

1. Cuidado um sentimento de "sabe tudo"
2. Todo mundo reconhece alguém que conta vantagens
3. Não diminua a qualidade das outras pessoas para você sentir melhor
4. Não conte suas vitórias se ninguém perguntou
5. A discrição é a mãe das pessoas que surpreendem

917 - O LÍDER E O CASAMENTO (Mateus 19:6)

1. Líderes casados passam segurança e estabilidade
2. O casamento e os filhos melhoram os valores e a ética do líder
3. Pessoas casadas pensam duas vezes nas decisões que tomam
4. Quem lidera a sua casa lidera também em qualquer outro lugar
5. Um líder cristão sempre prioriza o casamento

918 - O LÍDER QUE ACREDITA EM SI MESMO (Filipenses 4:13)

1. Você é o primeiro responsável em acreditar no que faz
2. Ter fé em Deus deve acompanhar sua crença em você
3. Não se permita abalar pela opinião daqueles que não acreditam em você
4. Todos nascem inteligentes e com talentos diversos, descubra o seu chamado e faça a diferença
5. Acreditar em você não o isenta de fazer o que é certo

919 - O LÍDER USA O "NÓS" (Jó 41:16)

1. Evite falar no singular, ninguém faz nada sozinho
2. Quando se inclui as pessoas que colaboraram na nossa missão em nossa fala, conquistamos credibilidade
3. Quem é lembrado sente-se valorizado – líderes não podem esquecer-se disto
4. Você torna-se muito mais simpático quando é capaz de incluir as pessoas que colaboram com seu trabalho
5. As pessoas percebem quando você não é capaz de valorizar os outros

920 - O LÍDER DEVE SER MODESTO? (Provérbios 28:1)

1. Se você é realmente bom em algo não tenha medo de admitir isso em público
2. Arrogância é diferente de autovalorização
3. A confiança dos outros depende do quanto você demonstra firmeza no que faz
4. A modéstia pode lhe tirar oportunidades assim como a muita – Tenha equilíbrio
5. A convicção deve fazê-lo ousado e coerente

921 - O LÍDER LÁPIDA DIAMANTES (Mateus 28:19)

1. O líder sabe que todos possuem potencial nato
2. O líder sabe que deve trabalhar nos talentos das pessoas
3. Desenvolver pessoas não é uma tarefa fácil, isso exige tempo e energia
4. Desenvolver pessoas exige também investimento financeiro
5. Se você não acredita nas pessoas, você nunca será capaz de desenvolvê-las

922 - O LÍDER ADMINISTRA O SUCESSO (Filipenses 3:12)

1. O degrau mais alto não significa menos trabalho
2. Quanto mais sucesso você tem, mais cuidado você deve ter com suas palavras. Interpretações erradas são frequentes na vida de quem tem sucesso
3. Uma pessoa de sucesso terá suas falhas ampliadas
4. Seu sucesso o obriga administrar melhor os seus recursos
5. No sucesso suas atitudes serão exemplo tanto para o bem como para o mal

923 - O LÍDER TEM CONTROLE FINANCEIRO (Provérbios 21.15)

1. Líderes precisam estar cientes do que entra e do que sai em suas finanças
2. Líderes precisam ter sabedoria administrativa para saber o que fazer com seus recursos
3. Líderes precisam ter controle sobre seus impulsos de compras
4. Líderes precisam ter uma visão de futuro para os seus recursos financeiros
5. Sempre tenha um estilo de poupança e investimentos

924 - O LÍDER HONESTO HONRA COLABORADORES (1 Pedro 2:14)

1. Não negue honra para aqueles que o apoiaram
2. A melhor honra que você pode dar a uma pessoa é quando ela está em vida
3. Quando você não honra as pessoas que lhe ajudaram na sua missão isso fala que você não merece estar onde está
4. Honre, o amanhã é uma incerteza
5. Você adquire credibilidade quando honra aqueles que colaboraram com sua missão

925 - O LÍDER COMUNICA SUAS DECISÕES (Êxodo 19:25)

1. Líderes organizam suas decisões para comunicá-los
2. Comunique suas decisões de forma clara
3. Evite comunicar suas decisões em cima da hora
4. Seja firme em sua comunicação
5. Use os mais diversos recursos para divulgar suas decisões

926 - O LÍDER IGNORA COM RESPEITO (João 8:6)

1. Ignora os incomodados e rebeldes
2. Ignora desrespeitosos e invejosos
3. Ignora os negativos e sabotadores
4. Ignora os bipolares e aproveitadores
5. Ignora os falsos e mentirosos

927 - O LÍDER E O TOMA LÁ-DA-CÁ (Salmos 103:10)

1. Um hábito muito comum em nosso país
2. Se nada ilegal estivesse sendo colocado em questão, o líder deve avaliar o caso
3. Atitudes como essa podem gerar manchas na imagem do líder, evite
4. Honestidade nas negociações deve ser algo prioritário em um líder
5. O toma-lá-dá-cá não era praticado pelos apóstolos

928 - O LÍDER NÃO FALA DA VIDA ALHEIA (Provérbios 12:18)

1. O respeito pela individualidade dos outros começa por você
2. As pessoas têm o direito de fazerem o que quiser com suas vidas

3. A fofoca não pega bem para líderes
4. Você nunca sabe se vai precisar da pessoa de quem você falou mal
5. Líderes ajudam e não denigrem as pessoas

929 - O LÍDER EVITA O IMPULSO DO MOMENTO (Gálatas 5:22-23)

1. Muitos líderes fazem coisas desnecessárias porque são tomados pelos impulsos
2. Pense bem antes de tomar decisões, nada do que é realmente importante pode ser pensado de forma abrupta
3. Evite dar respostas na hora, sempre peça um tempo para avaliar
4. Quem vive de impulso colhe prejuízos e ainda culpa os outros
5. Se você conhece seus limites, separará o momento certo de evitar situações que gerem atitudes impensadas

930 - O LÍDER E O ASSISTENTE (Mateus 21:6)

1. Ele te auxilia
2. Ele faz um pouco mais
3. Ele facilita a sua vida
4. Ele resolve
5. Ele sempre está preparado e disponível

931 - O LÍDER DEFINE OS PADRÕES (Mateus 5)

1. Ele define por tem em sua mente o caminho que deve ser seguido
2. Ele define por conta dos valores pré-estabelecidos em sua mente
3. Ele define porque encontrou padrões coerentes e isso tem lógica para o líder
4. Ele define porque sabe de alguma forma o que é melhor para liderança que ele administra
5. Ele define pelo seu discernimento avançado

932 - O LÍDER NÃO ENROLA (Salmos 76:5)

1. Ele busca ser dinâmico
2. Ele busca ser focado
3. Ele buscar vencer a procrastinação
4. Ele faz acontecer
5. Ele deixa seus problemas pessoais em casa

933 - O LÍDER NÃO DEVE FINGIR QUE NÃO VÊ (Lucas 10:25-37)

1. Ele não cria desculpas, ele é realista
2. Diante das realidades ele procura soluções
3. A realidade sempre é melhor que a mentira
4. Quem finge que não vê paga mais caro para consertar
5. Seja atencioso e veja tudo com cuidado e isso trará resultados

934 - O LÍDER E O REAPROVEITAMENTO (Atos 9:27)

1. Dependendo do caso todos merecem ter uma segunda chance
2. Erro prático se conserta já o caráter pode ser complicado
3. Um coração que aprendeu com seus erros e apresentou mudanças significativas, as vezes merece uma segunda chance
4. Uma segunda chance tem que ser dado por motivos certos, fazê-lo por motivos errados é loucura
5. Um líder que da segunda chance é visto como generoso e digno de ser seguido

935 - O LÍDER FOCA NO TALENTO E NEM SEMPRE NO TÍTULO (Êxodo 35:26)

1. Títulos são importantes, mas talento superam os títulos
2. Os títulos dão confiança, mas se a pessoa não tiver talento seu trabalho não vai para frente
3. Quando alguém com título falha alguém com talento é tudo
4. A melhor coisa é encontrar alguém com talento e título
5. Títulos nem sempre garantem o engajamento

936 - O LÍDER SEGUE SEU INSTINTO (2 Pedro 2:12)

1. O instinto segue a razão
2. O instinto está ligado ao fazer algo por causa da situação vigente
3. Impressões mexem com os nossos instintos
4. Nossas decisões podem ser tomadas pela razão e às vezes por instinto, equilíbrio é tudo nesses casos
5. O instinto humano fala de seguir lições aprendidas ao longo da vida

937 - O LÍDER DEVE SABER IMPROVISAR (Amós 6:5)

1. Algumas pessoas ficam sem ação diante de certas situações
2. Para improvisar com excelência é necessário que a pessoa adquira experiência por meio da leitura, do estudo e da observação
3. Confie na sua improvisação
4. Diante dos imprevistos mantenha uma postura de educação e faça o seu improviso
5. Seja sempre organizado, o improviso é apenas uma situação ocasional e não pode ser uma rotina

938 - O LÍDER E AS CONSEQUÊNCIAS DA MALIGNIDADE (Efésios 2:2)

1. O líder deve ter cuidado com a malignidade
2. A malignidade pode nos levar a fazer julgamentos errados
3. A malignidade pode nos levar a tomar atitudes erradas
4. A malignidade pode nos levar a ser injusto
5. O líder não deve ser maligno, porém sagaz

939 - O LÍDER E O EGO (Tiago 4:6-17)

1. O ego pode ser um aliado ou um bom vilão
2. O ego distorcido é um fábrica de prejuízos
3. O ego positivo nos faz acreditar em nós mesmos, mas dentro da nossa realidade
4. O ego positivo leva o líder a se importar com as pessoas e a missão que lhe foi confiada
5. Treine seu ego para coisas construtivas

940 - O LÍDER CONSIDERA A FONTE (Gênesis 42:30-34)

1. Seja sempre crítico quanto às informações que recebe
2. Quem são as pessoas envolvidas na informação? São confiáveis?
3. Existem outras testemunhas oculares dessa informação?
4. Esteja sempre consciente do exagero que a informação pode conter
5. Aprenda a filtrar o que você escuta

941 - O LÍDER QUE AVALIA (2 Coríntios 13:5)

1. Avalia o lugar onde está
2. Avalia o trabalho que faz
3. Avalia o ambiente
4. Avalia as pessoas que o cercam
5. Avalia a si mesmo com frequência

942 - O LÍDER TEM SIMPLICIDADE (Efésios 4:2)

1. Não complique as coisas
2. Fale sempre de forma clara
3. Não exagere nas exigências e deixe de frescura
4. Não seja o que você não é
5. Tenha sempre cuidado com a arrogância e a prepotência

943 - O LÍDER ENSINA AOS SEUS FILHOS O VALOR DA LIDERANÇA (Provérbios 29:15)

1. Os valores de liderança começam em casa
2. Bons exemplos criam bons líderes dentro de casa
3. Líderes implantam valores de liderança no dia a dia da família
4. Nunca despreze momentos para educar pessoalmente seus filhos
5. Ensine o que a escola não pode ensinar

944 - O LÍDER CONSIDERA O QUE A OUTRA PARTE QUER (Romanos 12:3)

1. Ser flexível faz bem para liderança
2. Senão vai lhe prejudicar considere o que os outros desejam

3. Cuidado em querer sempre ser o dono da razão
4. Reconhecer o que os outros desejam eleva o seu reconhecimento entre os liderados
5. Líderes fortes consideram o que os outros pensam e desejam

945 - O LÍDER ÀS VEZES TEM QUE SER DRÁSTICO (Salmos 136:10)

1. Há momentos em que devemos ser duros em nossas posições de liderança
2. Dispensar certos liderados será necessário
3. Fazer cortes drásticos nos orçamentos às vezes será necessário
4. Ter que dar uma palavra drástica às vezes será fundamental
5. Ser drástico às vezes será única maneira que você encontrará para corrigir algo errado

946 - O LÍDER TEM QUE SABER DISTINGUIR QUEM MERECE EXPLICAÇÕES (1 Samuel 10:27)

1. Amigo geralmente não precisa de explicação, ele te entende
2. Inimigos nunca vão querer te entender
3. Rebeldes irão te questionar
4. O bajulador vai entender em partes
5. Os únicos que ainda merecem algumas explicações são as pessoas verdadeiras, porém confusas

947 - O LÍDER DEVE TRATAR O DESRESPEITO COM FIRMEZA (Romanos 13:7)

1. As pessoas devem respeitar o seu tempo
2. As pessoas devem respeitar seus valores
3. As pessoas devem respeitar suas posições
4. As pessoas devem respeitar as suas limitações
5. A onde não há respeito não há avanços

948 - O LÍDER DEVE OFERECER BONS CONSELHOS (Provérbios 15:23)

1. Conselhos são coisas sérias e elas podem definir a vida de uma pessoa
2. Se você só sabe dar conselhos de destruição, você não está apto para ser um líder
3. Conselhos devem impactar a vida para um crescimento pessoal
4. Só o tempo pode dizer se um conselho foi bom ou ruim
5. Conselhos são para ser um tesouro de felicidade para as pessoas

949 - O LÍDER DEVE SER OTIMISTA E PREPARADO (Ezequiel 38:7)

1. Otimismo não substitui o preparo
2. O verdadeiro otimismo se baseia em trabalho duro
3. O otimista é alguém com muita fé em meio à tempestade trabalhando sem parar
4. Otimista também incentivar as outras pessoas a acreditarem

5. Não dependa de outras pessoas para ser otimista

950 - O LÍDER DEVE FAZER O DEVER DE CASA (Jó 34:4)

1. Cresça na sua capacidade de liderança
2. Administra sua liderança com excelência
3. Treine novos liderados
4. Relacione-se com pessoas chaves
5. Avalia-se diariamente

951 - O LÍDER SABE QUE TUDO TEM OUTRO LADO (Provérbios 18:17)

1. Tudo tem dois lados
2. Quem não questiona pode ser enganado
3. Avalie os dois lados e tome suas decisões
4. Se não há como avaliar os dois lados, evite opiniões
5. Se os dois lados estiverem errados evite opiniões e decisões precipitadas

952 - O LÍDER SABE QUE NÃO HÁ ATALHOS PARA O SUCESSO (Provérbios 2:15)

1. Ele evita a desonestidade
2. Ele evita aproveitar-se do próximo de forma injusta
3. Ele evita propostas duvidosas
4. Ele evita pensamentos e julgamentos que o levem a fazer coisas erradas
5. Ele evita o que é fácil demais, a vitória da trabalho

953 - O LÍDER SABE QUE É NO TRABALHO DURO QUE DEUS ABENÇOA (Salmos 128:2)

1. Vença a preguiça e trabalhe duro
2. Vença a procrastinação e trabalhe duro
3. Vença a mentalidade de fracasso e trabalhe duro
4. Vença a incredulidade e trabalho duro
5. Deus sempre honra quem trabalha duro

954 - O LÍDER DEVE TIRAR UM TEMPO PARA REFLETIR (Salmos 119:148)

1. Quem é você?
2. O que você tem feito para melhorar sua liderança?
3. Tire tempo para refletir sobre sua importância na família
4. Como tem sido seu progresso em suas atividades?
5. Onde você quer estar daqui a 5 anos?

955 - O LÍDER DEVE SER RAZOÁVEL (Levítico 10:20)

1. A dureza tem seu valor, mas também tem seu limite
2. A inflexibilidade pode nos fazer injustos

3. Ser razoável é a melhor maneira de ser bem-visto pela liderança
4. Ser razoável te faz ver outras opções
5. Ser razoável te ajudará a ser capaz de delegar funções

956 - O LÍDER É O RESPONSÁVEL PELOS RESULTADOS DA EQUIPE
(Gênesis 44:32)

1. Não culpe os outros por uma responsabilidade que é sua
2. Identifique seus erros e assuma a sua responsabilidade
3. O líder tem que manter a motivação e o acreditar da equipe
4. O líder que não assume sua parte de responsabilidade perde o respeito dos liderados
5. Não apenas cobre do outros resultados, cobre também de si mesmo

957 - O LÍDER E O MANEJO COM PESSOAS (Provérbios 27:10)

1. As pessoas são um mundo de diferenças e devemos aceitar isso
2. Cada grupo de pessoas merece um estilo diferente de liderança
3. O líder que não sabe lidar com os diferentes tipos de pessoas ele esta apto a perdê-las
4. Não se muda pessoas, devemos nos adaptar elas para poder influenciá-las
5. O manejo com pessoas é uma questão de estudo, vivência e amor

958 - O LÍDER QUE LIDA COM O BLOQUEIO DOS LIDERADOS
(Neemias 2:2)

1. Existem líderes e liderados que estão bloqueados por causa de abusos
2. Existem líderes e liderados bloqueados por causa de maus exemplos
3. Existem líderes e liderados bloqueados por causa de crenças limitadoras
4. Existem líderes e liderados que estão bloqueados por causa de uma vida sentimental mal resolvida
5. Existem líderes e liderados que estão bloqueados por falta de libertação espiritual

959 - O LÍDER: QUALIDADE E QUANTIDADE (2 Coríntios 3:12)

1. Se há qualidade sem crescimento temos um problema
2. Se há crescimento sem qualidade teremos percas ao longo do processo
3. Qualidade e quantidade andam juntos para uma vitória real dentro de uma liderança
4. Devemos sempre estar avaliando a nossa realidade de qualidade e quantidade
05. Tanto a qualidade como a quantidade possui um preço a ser pago

960 - O LÍDER DEVE CONSTRUIR UMA CULTURA DE VALORES
(Atos 17:6)

1. Todo o líder deve construir uma cultura de valores
2. Valores devem ser transmitidos tanto pelo líder quanto pelos liderados

3. Valores devem colaborar com a missão que o líder está desenvolvendo
4. Valores implantados moldam a nova geração de líderes e liderados
5. Valores da direção às atitudes que os liderados e líderes devem tomar

961 - O LÍDER DEVE ER CUIDADO COM SUAS CRÍTICAS (Tiago 3:2)

1. Cuidado nunca é demais quando se critica
2. Critique sem ofender
3. Só critique se realmente foi importante ou valer a pena
4. Critique pouco elogie mais
5. Todo mal se destrói por si mesmo e suas críticas podem não fazer diferença alguma, e na verdade, ela pode apenas manchar a sua imagem

962 - O LÍDER QUE ESTUDA OS CASOS (Provérbios 31:16)

1. Cada situação deve ser avaliada de forma diferente
2. Devemos avaliar os casos de conduta moral conforme os valores e regras adotadas previamente
3. Avaliar casos não é fácil, evite ser injusto
4. Antes de avaliar um caso estude de forma que você se torne bem-informado sobre o assunto
5. Há casos em que só Deus pode dar a direção

963 - O LÍDER QUE DESENVOLVE EMPATIA (Mateus 14:14)

1. Empatia é alegrar-se ou entristecer-se com as pessoas em suas situações
2. Empatia te faz inferir os pensamentos das pessoas
3. Empatia te faz inferir prováveis atitudes do próximo
4. Empatia está escassa por causa do mundo de redes sociais que nos aproxima e ao mesmo tempo dos afastam das pessoas
5. Esteja sempre aberto a compreender as pessoas

964 - O LÍDER NÃO SE ABALA COM CRÍTICAS (Salmos 15:3)

1. Estar vivo é ter que estar preparado para ser criticado, e isto piora se você for alguém de atitude e de pensamentos próprios
2. Deixamos de nos abalar com críticas quando também deixamos de lado nosso ego
3. Dependendo de quem vem à crítica ela deve ser olhada com um pouco mais de reflexão
4. Deixamos de nos abalar quando se extrair algo de bom das críticas
5. Deixamos de nos abalar com relação às críticas quando estamos em constante desenvolvimento

965 - O LÍDER SABE QUE RESULTADOS SÃO FRUTOS DO TRABALHO FEITO TODO DIA (Colossenses 3:23)

1. O passado passou
2. O amanhã ainda não existe
3. Hoje é a única realidade verdadeira que o homem tem na sua vida
4. O que fazemos hoje determina os resultados do nosso futuro
5. Devemos sempre dar o nosso melhor hoje

966 - O LÍDER DEVE SENTIR O MOMENTO DE MUDAR O CURSO (Jó 9:27)

1. Tudo na vida tem o seu tempo certo, até a hora de mudar de curso
2. As mudanças não podem ser feitas por emoções, mas de forma pensada
3. Não deixe passar o tempo da mudança o preço depois pode ser mais alto
4. A mudança sempre será uma decisão pessoal
5. Grandes oportunidades se perdem quando não há mudanças

967 - O LÍDER AVALIA O PREÇO (Provérbios 31:16)

1. Tudo na vida tem um preço, você está disposto a isso?
2. Quem não avalia direito preço pode perder o seu tempo
3. Quem não avalia o preço pode se decepcionar com a realidade
4. Quem avalia o preço e sabe o que quer se estimular com os obstáculos
5. A diferença entre você e outros líderes pode estar na sua disposição de pagar o preço

968 - O LÍDER EXAUSTO NÃO DÁ FRUTOS (Jeremias 31:25)

1. Explorar-se ao extremo não gera frutos saudáveis
2. A eficácia exige momentos de pausa
3. A nossa produção depende da energia que obtemos
4. Descansar com a família pode gerar qualidade de vida e produção
5. Descansa não tem mais haver com a quebra da rotina

969 - O LÍDER DEPENDENTE DE DEUS (Salmos 71:6)

1. Suas decisões são geradas pelo Espírito Santo
2. Suas decisões baseando-se na vontade de Deus nas escrituras
3. Suas decisões são frutos de suas reflexões baseadas nos exemplos de Jesus
4. Ele vive na dependência da oração
5. Ele é sensível ao pecado e a desobediência

970 - O LÍDER SABE QUE NINGUÉM É INÚTIL (2 Timóteo 2:21)

1. Todos possuem o seu valor
2. Todos têm o seu encaixe
3. A missão do líder é saber administrar as pessoas nas suas funções

4. Ninguém consegue dar o seu melhor fora do seu encaixe
5. Líderes devem também fazer os liderados entenderem a importância do seu encaixe e valor

971 - O LÍDER DELEGA OU ESGOTARÁ (Êxodo 18:14)

1. Quanto maior fica a liderança maior será a necessidade de delegar funções
2. Esgotamento também é fruto de uma má administração da liderança
3. Todos percebem a diferença entre delegar e explorar
4. Como anda a sua capacidade de delegação?
5. Na medida certa, a delegação de responsabilidades para os liderados gera a valorização que eles precisam e isso lhe dará mais qualidade de vida além de honra

972 - O LÍDER X EGOÍSMO (Tiago 3:14)

1. Líderes estão para servir e egoístas não servem
2. O egoísta não dá prioridade para ninguém
3. O líder egoísta só faz o que lhe agrada e só agrada os que fazem o que ele quer
4. Uma liderança egoísta não gera seguidores e o crescimento da liderança fica estagnado
5. Humildade e entrega são os remédios contra o egoísmo

973 - O LÍDER E OS PERÍODOS DE CRESCIMENTO (Hebreus 5:8)

1. Hábitos transformam então crie seus hábitos de estudo para ter crescimento intelectual
2. Durma bem para consolidar seus períodos de crescimento
3. Relacione-se bem para aprender o melhor com as pessoas
4. Leia e ouça diversos tipos de palestras para o seu crescimento pessoal
5. Um período para crescimento pessoal também fala de momentos de reflexão

974 - O LÍDER TRABALHA DEPOIS DESFRUTA (Salmos 128:2)

1. Toda a conquista tem um preço ou você paga agora ou paga mais caro depois
2. Todo conhecimento tem um esforço para ser assimilado ou você paga agora ou paga mais caro depois
3. Toda a formação de uma equipe tem um tempo e um preço ou você paga agora ou você paga mais caro depois
4. O tempo ele é um bem muito precioso e perdê-lo com besteiras fará qualquer coisa ficar mais cara, a vida tem hora para acabar
5. Todos os que brincam com tempo pagam mais caro

975 - O LÍDER SIMPLESMENTE FAZ (João 6:38)

1. Às vezes é preciso fechar os olhos e se lançar no que tem que ser feito
2. Fazer é uma decisão que começa na mente
3. Faça para você não se arrepender de não ter feito

4. Faça, mas faça certo
5. Faça senão outro fará

976 - O LÍDER CONHECE SEU INIMIGO (Juízes 1:23)

1. Conhecer é fundamental para lidar com as estratégias do inimigo
2. Conhecer é fundamental porque um líder nunca despreza o inimigo
3. Conhecer é fundamental porque até o inimigo ensina algo
4. Conhecer é fundamental para não ser surpreendido pelas ciladas do inimigo
5. Conhecer o inimigo é importante, a ignorância pode custar muito caro

977 - O LÍDER QUE RECEBE CORREÇÃO (2 Timóteo 2:25)

1. Ele recebe com humildade
2. Ele recebe porque entende que a correção é para o seu próprio bem
3. Ele recebe para ter esclarecimento de um novo caminho a seguir
4. Ele recebe porque o erro tem um preço a ser pago
5. Ele recebe porque sempre há uma sabedoria para ser adquirida na correção

978 - O LÍDER TEM QUE LIDERAR (2 Crônicas 1:10)

1. Liderar a si mesmo
2. Liderar os outros
3. Liderar líderes de liderados
4. Liderar situações
5. Liderar para deixar um legado

979 - O LÍDER EVITA COMPETIÇÕES (Jeremias 12:5)

1. Competições geram sentimentos malignos
2. Competições nem sempre geram resultados saudáveis
3. Competições podem gerar desânimo
4. Competições saudáveis são aquelas que fazemos para se auto superar
5. Competições geralmente fazem inimigos

980 - O LÍDER E ALGUNS TIPOS DE LIDERANÇA (Números 31:48)

1. Liderança autocrática
2. Liderança democrática
3. Liderança paternalista
4. Liderança autoritária
5. Liderança influenciadora

981 - O LÍDER E A JANELA DE JOHARI (Salmos 37:23)

1. O líder tem área aberta onde seu comportamento lhe é conhecido
2. O líder tem áreas fechadas onde ele reconhece o seu comportamento, mas acaba escondendo-a de outros
3. O líder tem várias áreas onde todos percebem o seu comportamento, mas ele mesmo não o reconhece
4. O líder tem áreas desconhecidas onde nem o líder e nem os outros podem identificar
5. A necessidade de estar atentos a nós mesmos é fundamental

982 - O LÍDER ORA (1 Tessalonicenses 5:17)

1. Ele reconhece o valor do seu Deus e da oração na condução da sua liderança
2. O líder ora, pois sabe que nem tudo está sob seu controle
3. A oração faz muito bem para mente, para o corpo e para a espiritualidade
4. A oração alimenta a fé que necessitamos para vencer
5. Falar com Deus nunca é demais

983 - O LÍDER E O FEEDBACK (Gênesis 45:15)

1. Feedback positivo ele reforça a qualidade das pessoas
2. Feedback corretivo tem a intenção de alinhar valores que estão fora visão da liderança
3. Feedback insignificante é uma conversa vaga e sem sentido
4. Feedback ofensivo e quando se usa palavras de baixo escalão para atingir o ego da pessoa
5. Feedback inadequado é onde conselhos não podem ser seguido pelo liberado

984 - O LÍDER E A MENTE DIVIDIDA (Mateus 12:25)

1. Onde há dúvidas não há sucesso
2. Quem mantém o foco não se divide em diversas mentalidades
3. Mente dividida oficina do atrapalho
4. Mente dividida é uma presa fácil para a manipulação
5. Mente dividida gerar liderados inseguros

985 - O LÍDER E A MATURIDADE PARA LIDERAR (1 Coríntios 13:11)

1. Existe a maturidade baixa onde o líder não sabe o que fazer, mas tem motivação
2. Existe a maturidade razoável onde a pessoa sabe o que tem que fazer, mas tem pouca motivação para isso
3. Existe a maturidade mediana onde o líder sabe como fazer e encontrar outra pessoa para auxiliar
4. Existe a maturidade adulta onde a pessoa resolve sozinha ou no auxílio de uma equipe e tem motivação para isso
5. Maturidade é indispensável para uma liderança de sucesso

986 - O LÍDER HONRA OS SUBMISSOS (Ester 6:7)

1. Pessoas submissas são seres humanos raros em nossa geração
2. Pessoas submissas não são pessoas sem opinião, mas decidiram servir
3. Pessoas submissas são aquelas que entenderam a missão e a visão do líder
4. Honrar uma pessoa submissa é o mínimo que um líder pode fazer
5. A submissão sem restrições é o que não pode existir, a submissão consciente faz bem para toda a liderança

987 - O LÍDER E A RECOMPENSA QUE VEM DE DEUS (Apocalipse 22:12)

1. Nem todos serão gratos pelo que você faz
2. Deus sempre recompensa o que fazemos
3. A ingratidão dos outros não podem afetar nossa generosidade
4. Faça sempre o que é certo independente da ingratidão dos outros
5. Nada melhor do que uma consciência que sabe que sempre faz o bem pelas pessoas

988 - O LÍDER BUSCA AJUDA NAS PESSOAS EXPERIENTES (2 Crônicas 2:7)

1. A experiência pode nos garantir uma sabedoria a mais
2. A experiência não é tudo, mas dar uma ideia de um rumo a pensar
3. A experiência dos outros podem fazer mais rápida a nossa caminhada em prol do sucesso
4. A experiência dos outros nos ajudam a desenvolver a nossa maturidade
5. Na dúvida procure pessoas mais experientes que você

989 - O LÍDER X RECOMEÇO (Isaías 43:18-19)

1. Mudanças e ajustes às vezes são inevitáveis e geram recomeços
2. Recomeçar é a oportunidade de fazer melhor
3. Recomeçar pode ser doloroso porque nossa mente geralmente recusa mudanças
4. Recomeçar fala de pessoas fortes e não de pessoas fracas
5. Nem todos aceitam o desafio do recomeço

990 - O LÍDER SABE QUE PROVAÇÕES SÃO PERÍODOS DE APRENDIZAGEM (Tiago 1:2)

1. Aprendem-se mais nos tempos de luta do que nos tempos de paz
2. Provações dão ao líder maturidade
3. Aprovação extrai o melhor de nossa capacidade
4. Não existe vendaval que não passe, assim é a aprovação
5. Provações são testes que nos fazem viver com uma sabedoria a mais

991 - O LÍDER DEVE ENRAIZAR A MISSÃO (Mateus 24:14)

1. Lembrando-se dela todos os dias
2. Tendo como pano de fundo em suas mensagens
3. Ilustrando-a por meio de desenhos, quadros informativos e pinturas
4. Ensinando-a para as novas gerações de líderes
5. Demonstrando acreditar todo dia na importância da missão

992 - O LÍDER DEVE TER EM MENTE (Atos 20:24)

1. Planejamento
2. Humildade
3. Foco nas metas
4. Sendo uma pessoa firme sem largar de ser gentil
5. Aprendendo o tempo todo com seus erros e com os erros dos outros

993 - O LÍDER E O HÁBITO DOS VENCEDORES (Daniel 6:10)

1. Mude sua atitude
2. Julgue menos
3. Leia diariamente
4. Não se compare
5. Foque em um dia de cada vez

994 - O LÍDER NÃO RECLAMA, FAZ A DIFERENÇA (Neemias 5:1).

1. Só reclamar não resolve
2. Atitudes geram a mudanças
3. Temos reclamado muito do que não nos afeta de verdade?
4. Revolta-se com os problemas que você mesmo cria
5. Os que só reclamam geralmente são preguiçosos e acomodados

995 - O LÍDER NÃO ACEITA CONFUSÃO (Tiago 3:16)

1. Confusão só traz caos
2. Confusão resolve-se com diálogo e atitudes coerentes
3. A confusão pode ser arquitetada por mentes doentes, corações malignos, rebeldias e intenções de tomada de poder
4. Confusões podem ser geradas por instruções que não foram dadas de forma eficiente e por treinamentos não indevidamente repassados
5. Quem causa confusão deve ser afastado

996 - O LÍDER DEVE SER CUIDADOSO COM PESSOAS DESCONHECIDAS (Deuteronômio 4:9)

1. Fale pouco diante de quem não se conhece
2. Ouça bem diante de pessoas que você não conhece

3. Seja sempre gentil e educado com quem você não conhece
4. Não tire conclusões precipitadas de quem você não conhece
5. Faça os desconhecidos serem conhecidos gradualmente por você

997 - O LÍDER FORTALECE A FÉ (Romanos 1:11)

1. Diante das dificuldades de saúde dos liderados fortaleça a fé
2. Diante das lutas na família dos liderados fortaleça a fé
3. Diante das dificuldades de liderar dos liderados fortaleça a fé
4. Diante das injustiças que liderados possam sofrer fortaleça na fé
5. Diante da falta de motivação dos liderados fortaleça fé

998 - O LÍDER CRIA O AMBIENTE DO PERTENCER (Salmos 33:12)

1. Se sentir parte do ambiente da liderança retira do coração dos liderados o sentimento de exclusão
2. Se sentir parte do ambiente ajuda na criatividade
3. Se sentir parte do ambiente ajuda na produtividade
4. Se sentir parte do ambiente aumenta o zelo pela visão e missão
5. Se sentir parte do ambiente cria conexão e todos fazem acontecer

999 - O LÍDER ENVOLVE AS PESSOAS (Números 2:31)

1. Envolve pelas emoções
2. Envolve pelas ideologias da visão que possui
3. Envolve pela motivação gerada pela conquista da visão
4. Envolve pelo trabalho que desenvolve
5. Envolve pelos argumentos e retorica usada

1000 – O LÍDER QUE GERA LÍDERES MELHORES QUE ELE

1. Gerar líderes melhores do que nós e a nossa responsabilidade
2. Somente um líder sem ciúme gera líderes melhores que ele
3. Devemos acompanhar o crescimento de nossos liderados
4. Somente o cuidado e a entrega gera discípulos melhores que nós
5. O mestre só é bom quando o discípulo o supera